Marc de Smedt

Das Lob der Stille

Aus dem Französischen
von Irène Kuhn

C. Bertelsmann

Die Originalausgabe erschien unter dem Titel
»Éloge du silence« bei Éditions Albin Michel, Paris

1. Auflage

Druck und Bindung: Mohndruck Graphische Betriebe GmbH, Gütersloh
Printed in Germany
ISBN 3-570-00995-5

Für Marie

Inhalt

Stille und Schweigen

Wenn das Wort, das du aussprechen willst,
nicht schöner ist als das Schweigen, so sag es
lieber nicht.

Lehrsatz der Sufis

Von seinem Besuch in der ersten Ausstellung Paul Klees kehrte Henri Michaux »umwölbt von einer großen Stille« nach Hause zurück. Als ich diesen Satz las, beschloß ich, dieses Buch zu schreiben.

Man kann mit John Cage sagen, daß es keine vollkommene Stille gibt, da sich immer irgend etwas ereignet, was einen Ton erzeugt, aber man kann auch behaupten, daß die Stille immer und überall ihr Gegenteil voraussetzt und daß uns einzig die Geräuschkulisse unserer Umgebung ermöglicht, die Stille wahrzunehmen. Stille, das ist von Geräuschen durchbrochene Zeit. Und wie hübsch sind doch Paul Valérys Worte: »Wer lächelt und schweigt, betrachtet eine unsichtbare Sanduhr.«

Die Psycholinguistik des Schweigens ist ebenso reichhaltig wie die der Sprache: in Liebesbeziehungen, in beruflichen, hierarchischen, freundschaftlichen Beziehungen – in jedem Augenblick, der Kommunikation einschließt, erweist sich die unendlich große Vielzahl an Arten des Schweigens und der Stille als bedeutungsreich. Schweigen ist Gold, denn es ist die eigentliche aktive Kraft.

Die Stille verleiht den Ereignissen Farbe: Sie kann leicht sein oder schwer, sie kann grau sein, heiter, alt, schwebend, traurig, verzweifelt oder glückselig ... Sie nimmt all die zahllosen Nuancen unseres Lebens an. Unaufhörlich spricht sie zu dem, der ihr zuhört, sie schließt ihm die Orte auf, an die er sich begibt, und die Menschen, denen er dort begegnet. Sie läßt ihn Wesen und Qualität der erlebten Situationen erkennen. Sie ist unser innerer Begleiter, der ständige Hintergrund, auf dem sich alles abzeichnet.

Als Sitz unseres Tiefenbewußtseins ist sie Ausgangspunkt all unserer Sinneswahrnehmungen.

Die innere Stille: wie kann es uns im hektischen Durcheinander der uns beherrschenden Gedanken, Phantasmen und Bilder gelingen, wieder zur Stille in uns zurückzufinden? Schon seit jeher berichten Künstler, Dichter, Philosophen und Mystiker darüber und geben uns nützliche Hinweise. Sie alle wissen, daß jegliche Kreativität in der aufmerksamen Hinwendung zur Stille der Gedanken wurzelt. Daß, wie es ein *Kôan* des Zen ausdrückt, von ihr der unsterbliche Geist ausgeht.

Dieses Buch soll eine Meditation über eben diesen grundlegenden – und verkannten – Bestandteil unserer Existenz sein. Denn in einer immer lauter werdenden Welt muß der Wert der Stille erst wieder entdeckt werden. Vielleicht haben wir es vergessen, aber wir tragen die uralte Weisheit der Stille in uns.

Dies wird also, in Worten ausgedrückt, der Versuch einer Reise in das Unausgesprochene sein. Es soll nichts bewiesen werden, nur... ein paar Gedanken sollen geweckt werden.

»Die Königin von England sagte, daß Fürsten sich an dieselbe Schweige- und Diskretionspflicht zu halten hätten wie Beichtväter«, schreibt Bossuet, der drei Arten des Schweigens definiert: das Schweigen im Eifer, womit er wohl das Schweigen der Konzentration auf eine Aufgabe meint, das vorsichtige Schweigen in Unterhaltungen und das geduldige Schweigen bei Diskussionen. Pascal hingegen schreibt dem Schweigen vor Gott eine besondere Bedeutung zu: »Solange wie möglich soll man im Schweigen verharren und sich nur über Gott unterhalten, der, wie man weiß, die Wahrheit ist.« So seine Worte in den *Pensées,* wobei er sich jedoch nur wenige Zeilen weiter schon widerspricht: »Das Schweigen ist die schlimmste Christenverfolgung, nie haben die Heiligen geschwiegen« – was übrigens falsch ist.

Analog hierzu ist der Begriff auch bezüglich der geschriebenen Sprache anwendbar: die Diskretion der Zeitungen dem einen oder anderen Vorfall oder Ereignis gegenüber, das stillschweigend übergangen wird. Und wenn von einem juristischen Fall die Rede ist, der von der Gesetzgebung nicht vorgesehen wurde, hört man oft die Wendung »Das Gesetz schweigt«. Auch kann das Wort die Unterbrechung eines Schriftverkehrs kennzeichnen: Warum dieses lange Schweigen?

Eine ausgezeichnete Definition für das Geheimnisvolle ergibt sich durch die so anschauliche Wendung, das »Gesetz des Schweigens«, und auch für das Vergessen oder Übersehen-Wollen: eine Angelegenheit wurde »totgeschwiegen«.

Im übertragenen Sinne angewandt, bedeutet es Ruhe, Geräuschlosigkeit: das Schweigen der Natur, wie auch seelische und innere Ruhe – Sinne, Leidenschaften und Gedanken werden zum Schweigen gebracht.

Auf diesem kleinen Rundgang durch die Sprache begegnen wir auch technischeren Vorstellungen, der Unterbrechung eines Geräusches, der Pause in der Musik. Man unterscheidet sieben Arten von Pausen: die Pause, die halbe

Pause, die Viertel-, Achtel-, Sechzehntel-, Zweiunddreißigstel- und Vierundsechzigstelpause. In der gesprochenen Sprache bezeichnet das Wort die Unterbrechungen im Redefluß, in der geschriebenen Sprache Ellipsen, und in der Malerei ist damit eine gewisse im Gemälde herrschende Harmonie gemeint. Und schließlich kennzeichnet es auch die Unterbrechung einer telegraphischen Übermittlung.

Aber der Begriff des Schweigens ist reich genug, um auch den Rahmen dieser Definitionen zu sprengen. Man findet ihn im Vokabular des Schmerzes (im Stillen leiden oder Still-vor-sich-hin-Leiden) und verschiedener Emotionen wieder: Schweigen kann nämlich beredt sein, hartnäckig, bedeutsam, dumpf, unzufrieden, zustimmend, schmollend, fassungslos, eisig, fromm, verschämt, diskret, erzwungen, verwirrt, haßvoll, heiter, lastend oder tödlich. Doch wir wollen es dabei bewenden lassen, die Liste könnte allzu lang werden. Es gibt ebenso viele Arten von Schweigen wie es Adjektive und Seelenzustände gibt.

Verwendung findet das Schweigen auch als Zeichen für Wertschätzung und Gedenken in einer Schweigeminute, als befehlender Ausruf »Ruhe, Kamera läuft!« oder als Werbung: »Hotel x …, eine Oase der Ruhe« …

Benutzt von den Politikern, die sich in eine abwartende Haltung flüchten, ebenso wie von den Mystikern, in deren Augen er die absolute Kommunikation symbolisiert, wird dieser – wirklich weite – Begriff immer und überall allen Situationen angepaßt. Selbst im Bereich der Hertzschen Wellen kann man ihn ausfindig machen, wo der *Ruhebereich* ein merkwürdiges Phänomen kennzeichnet, das insbesondere in Erscheinung tritt, wenn Wellen von den ionisierten unteren Atmosphäreschichten reflektiert werden und sich über große Entfernungen hin ausbreiten.

Zahlreiche umgangssprachliche Wendungen treten im Zusammenhang mit Stille und Schweigen auf: nicht auf den Mund gefallen sein, jedes Wort auf die Goldwaage legen, jemandem die Sprache verschlagen oder das Maul stopfen, den Mund halten, kein Sterbenswörtchen sagen, die Klappe halten. Auch kann man jemanden mundtot machen oder zum Schweigen verurteilen. Eine hübsche Geste, wie sie oft bei kleinen Kindern schon beobachtet werden kann, ist der erhobene Zeigefinger am Mund, und dann ist da auch noch das dichterische Empfinden: »Über allen Gipfeln ist Ruh'...«

Ganze Welten von Stille und Schweigen sind noch unentdeckt und wollen erobert werden.

Da ist das herzzerreißende Schweigen eines gerodeten Waldes, auch jenes verschiedener Gegenstände, die uns umgeben, die Stille unserer Häuser und Wohnungen, oder das meist vielsagende Schweigen unserer nahen Mitmenschen. Das Schweigen der Mutter, die über einer Strickarbeit für ihr Baby sitzt, das Schweigen der nähenden Großmutter, das des schmollenden Kindes, das der Verliebten, die sich an den Händen fassen und einander tief in die Augen schauen.

Da ist das Schweigen des Sportlers im Training und das Schweigen all jener, die ihren Dauerlauf machen, einem Ball nachjagen oder eine Zielscheibe anvisieren.

Da ist die Stille der Krankheit, gegen die man allein in seinem Bett ankämpft, die Stille der Depression, wenn nicht gar des Selbstmordes, die drückende Stille, die einen erwartet, wenn man allein und traurig nach Hause kommt. Der Großteil der Anrufe bei der Telefonseelsorge stammt von Menschen (zwei von drei Anrufern sind Frauen), die spätnachmittags, unmittelbar nach dem Ende ihres Arbeitstages, beziehungsweise nach zweiundzwanzig Uhr, wenn die Nacht endgültig hereinbricht, nicht mehr weiter wissen: 1985 waren es in Deutschland 670 000 Personen, die die Nummer dieses Lebenshilfedienstes gewählt haben, um sich aus der erdrückenden Stille und Einsamkeit zu befreien ... Die Stille der Not.

Und da ist auch die Stille des Beichtstuhls und der Körperhaltung bei der Meditation. Am Eingangsportal einer alten Kirche steht, in den Stein eingraviert, geschrieben: »Gott wird all eurer unnützen Worte gedenken.«

Die Stille im Theater, nach dem letzten Klingelzeichen, die Stille im Museum, die Stille vor und während eines Konzertes. Oder die Stille der Pausen im Film, bei Bergman, Tarkowsky und anderen ... riesige Pausen.

Die Stille in Klöstern und Kreuzgängen, die Stille der Mönche und all jener, die »die Kunst der glückseligen Zurückgezogenheit ausüben«, wie es bei Michaux heißt. Jeder neue Bruder bei den Freimaurern wird dazu aufgefordert, ein Jahr lang zu meditieren, zuzuhören und zu schweigen. Und auch die Heiligen Drei Könige verneigen sich schweigend.

Es gibt die Stille jener Schauplätze, von denen uns Marie-Madeleine Davy berichtet, daß »die tellurischen Kräfte in der Stille wirken und die Strukturen und Verhaltensweisen verändern. Ein geheiligter Ort offenbart sich. Der Stein beginnt zu sprechen ebenso wie der Wald und seine Lichtungen. Das Wasser murmelt seine Botschaft. Heilige Stätten haben Ähnlichkeit mit der Sprache der Vögel.«[1] Jeder Ort kann zum Tempel werden, zum Allerheiligsten, das sich, von Geheimnissen umwoben, im Unausgesprochenen entfaltet, zum Begegnungspunkt mit den tiefsten Abgründen des Seins wird.

Gleichwohl sei hinzugefügt, daß sich uns das wahre Geheimnis immer entzieht, daß es ungreifbar bleibt.

Auch das Schweigen der Tiere wäre zu nennen, dieses so faszinierende Leisesein der Katzen und das rührende Schweigen der Hunde. Das Schweigen der Jäger auf dem Hochsitz oder das der Fischer, wenn sie über ihrer Angel ins Nachsinnen geraten. Das Schweigen der Blinden, Tauben oder Stummen – der stumme Fernsehbildschirm, auf dem sich ein Mensch mittels Zeichensprache mit anderen unterhält.

Zitieren wir noch einige Volksweisheiten zu unserem Thema: in Frankreich und in Deutschland heißt es: Reden ist Silber, Schweigen ist Gold. Anderswo sagt man: Es ist schwieriger, gut zu schweigen als gut zu reden; oder: Wer nichts weiß, weiß genug, wenn er zu schweigen weiß; oder auch: Selbst Schweigen ist eine Antwort. In Spanien heißt es: Hören, sehen und schweigen, sonst wird das Leben bitter. In Dänemark: Wer sparen will, muß mit der Zunge anfangen. In der Türkei: Der Weise hat seine Zunge im Herzen, der Tor sein Herz auf der Zunge. In China: Dieser hat sein Leben lang geredet und doch nichts gesagt, jener hat sein Leben lang geschwiegen, und doch hat er viel gesagt. Und in Japan schließlich pflegt man zu sagen, daß die Worte, die man nie ausgesprochen hat, die Blumen der Stille seien.

Welch eine Vielfalt von Schweigen!

Da ist auch noch das Schweigen der Sphinx, das der Parfums, der Gerüche und Farben, das der Tee-Zeremonie, das der Nächte und Träume, das einer jeden Geste, das der Jahreszeiten und ihrer Tage. Jacques-Henri Lartigue hat recht, wenn er meint, daß Schweigen ebenso wichtig wie Atmen ist. Und auf alle Fälle ebenso unabdingbar wie Schlaf.

Und während ich diese Zeilen schreibe, steigt draußen über einer verschneiten Landschaft die Morgendämmerung auf. Das Weiß dieser Landschaft erhellt die Nacht mit seinem einzigartigen Glanz und nimmt dann ganz allmählich die Färbungen der Morgenröte an. Als ich gegen fünf Uhr erwachte, fühlte ich sofort eine wie in Watte gehüllte Stille. Und als ich aus dem Fenster sah, überraschte mich der Anblick des Schnees keineswegs, denn von Schnee geht eine Stimmung aus, die nirgends ihresgleichen findet. Er schluckt die Geräusche. Er legt sich über die Welt, deckt sie völlig zu und verwandelt sie. Sein glitzerndes Weiß ist reine Poesie. Er strahlt Ruhe und Frieden aus.

Schnee.

Das ist zunächst ein Bild, eine Kinderfreude. Eine Abbildung in einem Bilderbuch, ein Wintermärchen, in das man sich einst gern hineinkuschelte. Vermutlich trägt jeder von uns eine solche Erinnerung in sich, beispielsweise an ein Haus mit verschneitem Dach, Dächer, die unter der Last einer so dicken Schneedecke begraben liegen, daß von der verborgenen Dachrinne herab auch dicke Eiszapfen hängen. Und die Bäume ringsum, phantastische Gebilde im Schneekleid.

Zehn Jahre meiner Kindheit habe ich in der Türkei, in Ankara, verbracht. Die Stadt liegt in tausend Meter Höhe auf einer Hochebene. Von Dezember bis Februar lag sie unter einer mindestens einen Meter dicken Schneedecke, bis dann das Erwachen eines warmen Frühlings die plötzliche Schneeschmelze brachte. Meine ersten Eindrücke vom Zauber des Schnees stammen aus jener Zeit; und dank der dort stationierten großen amerikanischen Kolonie gesellten sich im Handumdrehen die Schneemänner mit ihren Kohleaugen, dem Kochtopf als Kopfbedeckung und der Karottennase zu der reichen Walt-Disney-Folklore; gemeinsam mit meinen kleinen US-Kameraden wurde ich damals zum begeisterten Micky-Maus-Leser. Keiner wußte besser als Walt Disney die Zauberkraft des Schnees zu verherrlichen. Und die slawischen Märchen meiner Mutter trugen nur noch zu der Verzauberung bei, die ich den glitzernden Eiskristallen gegenüber schon immer empfunden habe. Auch Weihnachten ist für mich mit der Vorstellung vom angelsächsischen Christmas verbunden. Und die wundervolle Stille, die morgens im Haus herrschte, bevor man sich anschickte, seine Geschenke unter der großen, mit bunten Kugeln und echten Kerzen geschmückten Tanne – oh, Tannenbaum! – hervorzuholen, wird für mich immer zu den schönsten Erinnerungen im Leben gehören. Vermutlich habe ich als Kind bei dieser Gelegenheit die Stille zum erstenmal intensiv wahrgenommen und ihre Kraft und Macht entdeckt. In der Morgendämmerung des Weihnachtstages.

Mit den starken Frösten trieb es die Wölfe bis in die Nähe der Siedlungen. Und da das Villenviertel auf einem

Hügel außerhalb der Stadt gelegen war, hörte ich oft das Heulen der ausgehungerten, umherstreunenden Wölfe. Doch der Schnee hat eine solche Macht der Reglosigkeit, daß die Stille sofort wieder ihre alles beherrschende Vorrangstellung einnahm.

Schnee leistet der Stille Vorschub; sie staut sich zwischen die Geräusche, die der Schnee zunächst zur Geltung bringt, bevor er sie dann wieder verschlingt.

Ich liebe auch den Schnee, wenn er fällt. Ganz lautlos ist das Schneien nicht, es entsteht eine Art zartes Rascheln, ein ganz sanftes Fauchen. Kaum wahrnehmbar ist dieses Geräusch für unser Ohr. Doch die Himmelsmasse, die in weißen Flocken herabschwebt, schirmt uns vor der Welt und ihren Geräuschen ab.

Schnee, das ist weißes Schweigen.

Wir machen einige Tage Skiferien, genießen das Vergnügen, inmitten der zerklüfteten, weißen Gebirgswelt, die sich in einen strahlend blauen Himmel reckt, über den Schnee zu gleiten. Und bei der Abfahrt auf einer Piste, die zu dieser Jahreszeit im März nahezu menschenleer ist, hört man nichts als das Geräusch der Bretter, die sich durch den Pulverschnee ihren Weg bahnen, ein Zischen, das die großartige Stille dieser vereisten Bergwelt um so mehr unterstreicht. Und einzig der Schrei eines Vogels dringt gelegentlich herab aus dem Tiefblau des Himmels.

An einem anderen Tag breche ich mit Langlauf-Skiern auf in die Natur und dringe in ihr starres, weißes Schweigen ein. Ein wenig später setze ich mich dann auf einen Felsen in die Sonne und entdecke, wie rings um ihn her in einer winzig schmalen Rinne Tropfen für Tropfen die Schneeschmelze beginnt. Lautlos wird der Schnee wieder zu Wasser. Und enthüllt einen schmalen Streifen Moos. Grünes Moos.

Anamorphose.

In seiner Gedichtsammlung *San Sho Do Ei* schrieb der japanische Großmeister Dogen im 12. Jahrhundert folgendes wunderschöne Gedicht, ein *Haiku,* in Schönschrift nieder:

»Der Schnee fällt auf das rote Laub.
Im langen Herbstmonat.
Wer vermag dieses Bild in Worte zu fassen?«

Stufen des Lärms

Die Stille hat keine Konturen, wie auch der Raum keine Grenzen kennt, denn wie der Raum ist auch die Stille wesensgleich mit allem.

Malcolm de Chazal
Sens-plastique

Der Lärm zerreißt die Stille.

Umfragen ergeben übereinstimmend: Mehr als zwei Drittel der französischen Bevölkerung setzen den Lärm ganz oben auf die Liste der Belastungen, denen sie ausgesetzt sind. Er stellt die Hauptaggression dar, und die Zeitungen wissen in aller Regelmäßigkeit über Ereignisse zu berichten, die auf Lärm zurückzuführen sind: Aufgebracht durch das Geschrei spielender Kinder, greift er zum Gewehr und drückt ab... Nach einem Volltreffer in die Brust stirbt ein zwölfjähriger Junge... Wütend über das ewige Geschrei ihres Säuglings, ersticken sie ihn, schneiden ihn in Stücke und verfüttern ihn an ihren Schäferhund... Vom Gepolter der Mitbewohner um den Schlaf gebracht, holt er seinen Revolver, stürmt hinauf und schießt – zwei Tote... Dies sind nur einige Beispiele aus den Tageszeitungen.

Man spricht vom Lärm, wenn er an sich eher friedfertige Bürger dazu bringt, kriminelle Handlungen zu begehen. Wie aber steht es um den Streß, dem jeder zweite Westeuropäer täglich ausgesetzt ist, an seinem Arbeitsplatz, zu Hause, auf der Straße – den Dauerstreß, der an den Nerven zerrt, der Menschen zwingt, in einem permanenten Spannungszustand zu leben, und der sie schließlich zermürbt?

Über zwei Jahre hinweg und bis vor kurzem habe ich, immer wenn ich in Paris zu tun hatte, in einer Wohnung im fünften Stock an einer Straßenkreuzung gewohnt. Kreischende Reifen, quietschende Bremsen, Schaltgeräusche, Aufheulen der Motoren beim Anfahren, Lastwagengedröhn und Gebrumme von Fahrzeugen, die an der roten Ampel anhielten, nichts blieb mir erspart. Eine vorübergehende Beruhigungsphase zwischen ein Uhr und fünf Uhr früh, in der mir ein kurzer Schlaf vergönnt war, dann wieder ohrenbetäubender Lärm. Mir blieb nichts anderes übrig, als aufzustehen und weiterzuarbeiten, um dann, gegen sieben Uhr morgens, in Meditation überzugehen. Dabei sagte ich mir: Es gibt doch Millionen Menschen, die in dieser durch ständigen Lärm belasteten Umwelt leben, ohne sich dessen bewußt zu sein, weil aus der Gewöhnung eine Art Bewußtlosigkeit entsteht. Kein Wunder also, wenn man überall, auf Schritt und Tritt, verkrampften Gesichtern begegnet, Gesichtern, die müde und verbittert wirken, entstellt und vergiftet von diesem ständigen Lärm und der verpesteten Luft.

Wenn man nach der Rückkehr aus dem Pariser Gestank die schlichte Stille wiederfindet, wenn man, umgeben von Bäumen, die reine Luft wieder atmet, kommt man sich vor wie im Paradies.

In den Städten ist der Lärm in einer Weise allgegenwärtig, daß er Bestandteil menschlicher Aktivität wird. Mehr noch, er wird zur Droge. Ich kenne eine ganze Reihe von Städtern, die bereits unfähig sind, harmonisch in und mit der Natur zu leben: Sie brauchen die Musik als Geräuschkulisse, sie brauchen Betriebsamkeit, angeregte Unterhaltung; die relative ländliche Stille beunruhigt sie oder macht ihnen schlichtweg angst. Mir sind sogar Fälle von Schlaflosigkeit bekannt, die auf das Fehlen der üblichen Geräuschkulisse zurückzuführen sind – was als Beweis dafür gelten könnte, daß Straßenlärm unter Umständen die Wirkung von Wiegenliedern hat.

Meister Deshimaru[1] war immer wieder erstaunt, mit welcher Leichtigkeit sich seine Pariser Anhängerschar an Lärm gewöhnen konnte, »so they are more foolish than others«, »also sind sie verrückter als andere«, so sagte er lachend. Und er achtete darauf, daß sich sein Pariser *Dojo* in einem Hinterhof befand: es sollte ein Tempel der Ruhe und der Stille sein.

Und wenn diese Ruhe und diese Stille nur ein Trugbild wären?

Das menschliche Ohr kann in der Tat nur bestimmte Schwingungen wahrnehmen: im Infra- und im Ultraschallbereich entgehen uns Geräusche mit extrem niedrigen oder extrem hohen Frequenzen vollkommen, sie werden vom Gehör nicht aufgenommen, weil dieses nur auf Luftmoleküle reagiert, deren Frequenz beschränkt ist auf eine Bandbreite zwischen zwanzig und sechzehntausend Schwingungen in der Sekunde. Darunter und darüber haben wir keinerlei akustische Wahrnehmung: *Es gibt also eine ganze Geräusch-Welt, die wir nicht hören können.*

Darüber brauchen wir jedoch nicht traurig zu sein, das Angebot an Geräuschen ist derzeit wahrlich groß genug. Anscheinend steigt mit dem wachsenden Energiebedarf auch der Geräuschpegel. Man könnte jedoch auch versuchen, diesen Vorgang umzukehren und eine sehr gewinnträchtige, aber sehr humanitär ausgerichtete Industrie zu entwickeln, die darauf abzielt, den Lärm und seine Traumata zu bekämpfen.

Ein Zeichen unserer Zeit: Schwerhörigkeit oder ein auf Dauer vermindertes Hörvermögen können ganz offiziell als Berufskrankheit anerkannt werden. Im übrigen teilt das französische Ministerium für Umwelt mit, daß elf Prozent der Arbeitsunfälle, fünfzehn Prozent der Krankschreibungen und zwanzig Prozent der berufsbedingten Krankenhauseinweisungen auf Störungen des Gehörs zurückzuführen sind.

Wir sind gewissermaßen von Lärm umzingelt, und dieses akustische Umfeld kann den Menschen schizophren oder paranoid machen, ja es kann ihn sogar in einen Mörder verwandeln.

Gewiß, »der Ärger über den Lärm«, so Dr. Poggi, »scheint abhängig zu sein vom psychischen Zustand und von der Erregbarkeit des einzelnen Nervensystems, auf das er einwirkt«, und der Versuch, der Lärmaggression entgegenzuwirken, fördert den Konsum von Beruhigungsmitteln, Barbituraten und Alkohol. Trotzdem, oder gerade deswegen, bleiben die Dezibel-Überflutung und die schlechte Schallisolierung unserer Wohnungen unentschuldbar.

Es wäre sinnlos, sich hier über Dezibel-Meßwerte (Db), über Frequenzen, Resonanzen, über audiometrische Eigenschaften, Audiogramme und Analysen von Schwingungen auszulassen, wir würden eine komplexe Welt aus Zahlen und Kurven betreten, die den Leser nur ermüden würden. Es sei lediglich angemerkt, daß die Maßangabe von 0 Db der kleinste, vom Ohr noch wahrnehmbare Geräuschwert ist. Der nächtliche Ruhegrad auf dem Land wäre bei etwa 20 Db anzusetzen. Ein Kühlschrank bringt uns 40 Db, Telephon, Staubsauger und Hundegebell sind Geräusche, die zwischen 65 und 70 Db liegen. Flugzeuge, Autohupen, Preßlufthämmer erreichen Werte von 110 bis 120 Db. Bei 130 Db ist die Schwelle überschritten, von der an der Lärm Schmerz verursachen kann.

Der von unserer Zivilisation ausgehende akustische Druck auf unseren Organismus ist kein Hirngespinst, und wir haben allen Grund, uns über ihn Gedanken zu machen. Für Ruhe läßt er wenig Raum. Das Nicht-Vorhandensein von Lärm, von wahrnehmbaren Geräuschen ist ein Idealzustand, wie er nur in dem eigens für diesen Zweck geschaffenen Raum existiert, im Pariser Museum der Wissenschaften und der Technologien in La Villette. Und selbst dort wird dieser Idealzustand nicht erreicht, man hört plötzlich überlaut das Pulsieren des eigenen Blutes!

Das eigentliche Problem besteht darin, daß die Intervalle zwischen den Schallschwingungen immer kürzer werden: diese Zeitabstände sind notwendig, damit das psychosomatische und das auditive System ihr Gleichgewicht wiederherstellen können. Skandinavische Ingenieure sind im Begriff, ein Antigeräusch-Geräusch zu entwickeln, das Inseln der Ruhe schafft in einem Meer der Geräusche. Das bedeutet nichts anderes, als das Böse mit dem Bösen zu bekämpfen. Der Wille jedoch, von einer Zivilisation des Lärms zu einer ruheorientierten Zivilisation überzugehen, wäre ein Beweis dafür, daß der Mensch in der Lage ist, sich weiterzuentwickeln und dabei seine Technologien für den Erhalt lebenswichtiger Grundlagen einzusetzen: eine realisierbare Utopie, ein sinnvoller, ein zielführender Traum.

Rasenmäher, Sägen und Bohrer, die mit Laser funktionieren, relativ leise arbeitende Maschinen, Motorräder und Autos, das wären – im Zeitalter des Computers – echte Alternativen für die Zukunft. Jeder Fortschritt jedoch bringt auch neue Belastungen mit sich. So scheinen zum Beispiel die zahlenmäßig ansteigenden Fälle von Kurzsichtigkeit mit der zunehmenden Verbreitung des Bildschirms Hand in Hand zu gehen. Diese Entwicklung scheint absolut logisch, und sie bedeutet nichts anderes, als daß der menschliche Organismus, dessen Anpassungsvermögen begrenzt ist, sich heute auf dem besten Weg befindet, in gewisser Weise blind und taub zu werden! Sollte es nicht gelingen, diesen kybernetischen Prozeß, diese sinnlose Flucht ins Unendliche umzukehren, dann wird es zunehmend zu einer endemischen Taubheit kommen, womit das Problem der Stille ein für allemal gelöst wäre …

In seiner Abhandlung über *Luft, Wasser und Ortslage*[2] legte der weise Hippokrates, der Vater unserer Medizin, bereits vor zweitausendvierhundert Jahren all jenen, die wünschten, die Heilkunst zu vervollkommnen, ans Herz, stets auch auf Einwirkungen von außen zu achten, die den Menschen je nach Veranlagung und den Eigenheiten seiner Konstitution beeinflussen.

Über große Wahrheiten läßt sich leicht reden, schwerer ist es jedoch, sie umzusetzen. Mit den vielen negativen Begleiterscheinungen, die unsere modernen Technologien mit sich bringen, geht heute unsere Umwelt mehr und mehr im Lärm unter. Es müßte eine Kursänderung beschlossen werden, unsere Zivilisation müßte dahin gebracht werden, der Gesundheit einen höheren Stellenwert beizumessen. Eine Welt müßte entstehen, in welcher der Respekt vor dem anderen Menschen Vorrang hat und in der Maschinen aller Art nur mit einem leisen Rauschen arbeiten oder sich fortbewegen. Beschreibt nicht Aldous Huxley in seiner *Schönen Neuen Welt* eine solche pneumatische Zivilisation?

Paradoxerweise liefert im Frühjahr 1986 Dr. Mases-Foussier in der Fachzeitschrift *Panorama du Médecin* den Beweis, daß vom Ohr selbst Geräusche produziert werden. Er erklärt, im Verlauf des vom Französischen Nationalen Gesundheitsinstitut (INSERM) und vom Nationalen Forschungszentrum (CNRS) gemeinsam veranstalteten Kolloquiums der Neuro-Wissenschaften in Bordeaux seien neue Erkenntnisse über das Innenohr vorgestellt worden, die zum besseren Verständnis der Produktion von Geräuschen im Ohr beitragen könnten. Anhand von Messungen mittels eines durch den äußeren Gehörgang bis in unmittelbare Nähe des Trommelfells eingeführten, winzig kleinen Mikrophons war es möglich geworden, Geräusche nachzuweisen, die im Ohr selbst entstehen!

Es gibt im Innern des Ohrs, das sowohl Hörorgan wie auch Gleichgewichtszentrum ist, eine Reihe von Mechanismen, die eigene Schwingungen verursachen. Daraus schließt man, daß das Ohr Geräusche erzeugen kann: wenn die feinen Härchen der sensorischen Zellen von einer Schwingung getroffen werden, dann ziehen sie sich mit Hilfe kontraktiler Proteine zusammen und verursachen ihrerseits eine akustische Schwingung. Das sind neue Erkenntnisse der Grundlagenforschung, durch die es in Zukunft möglich sein wird, Rauschen und Pfeifen im Ohr, also weitere Störfaktoren, die uns um den Genuß der absoluten Stille bringen, besser zu verstehen.

Stille ist ein abstrakter Begriff, ein Wort, das im Grunde

nur bedeutet, daß niemand spricht, daß man sich in einer Umgebung aufhält, in der verhältnismäßig wenig oder keine vom Bewußtsein wahrnehmbaren Geräusche produziert werden. Die Stille läßt sich auch als ein dem Bewußtsein eigenes, inneres Verhalten definieren: der Akt des Schweigens oder schweigendes Handeln berühren sowohl das Verhalten als auch die Psyche auf verschiedene Weise.

Kommunikation und Schweigen

Nichts steigert den Grad der Autorität mehr als das Schweigen – Glanz der Starken und Zuflucht der Schwachen.

CHARLES DE GAULLE
Die Schneide des Schwertes

Jede soziale Gemeinschaft stützt sich auf einen umfangreichen Schatz an Zeichen und Lauten, einen Code zur Kommunikation untereinander: guten Tag, auf Wiedersehen, entschuldigen Sie, danke, bitte, bitte nach Ihnen, ich bitte Sie, bis bald... sind Schlüssel-Ausdrücke, auf denen unser Sprach-Kodex gründet. Solche Sprachsignale ermöglichen es, der wohlwollenden Neutralität, die das Individuum seinen Artgenossen bei flüchtigem Kontakt entgegenbringt, bündigen Ausdruck zu verleihen.

In der Tat sind unsere zwischenmenschlichen Beziehungen nach einem ganz bestimmten Zeremoniell organisiert, das ethnischen und sozialen Gesetzmäßigkeiten angepaßt und somit unterschiedlich ist. Jeder Mensch hat eine Rolle zu spielen, seine Rolle im großen Theater des täglichen Lebens, und Jean-Paul Sartre hat in seinem Roman *Der Ekel* sehr schön beschrieben, wie ein Ober in einem Café auf seine Rolle angewiesen ist, er muß sie absolut perfekt spielen, vor sich selbst und vor den andern, um als richtiger Ober zu erscheinen und um ein solcher zu werden. Dieses Maskenspiel findet auch am Arbeitsplatz statt, wo sich jeder, wenn auch nicht immer spürbar, seiner Stellung innerhalb der Hierarchie bewußt ist, seinen manuellen und intellektuellen Wert einzuschätzen weiß, den Eindruck, den er den andern gegenüber erwecken muß, kennt und über die Position, die er halten und gegen nicht geplante Eingriffe verteidigen muß, Bescheid weiß. Das Büroleben zum Beispiel ist ein regelrechter Zirkus, wo Selbstdarstellung Trumpf ist, wo Rituale und Zeremoniell – so strikt wie die Etikette am Hof des Sonnenkönigs – die Beziehungen zwischen den Menschen bestimmen. Dabei handelt es sich um pyramidal strukturierte Beziehungen, die in der Person des Chefs, des Generaldirektors, ihre absolute Krönung finden. Mag dieser auch sympathisch und locker sein, an der Sache ändert das nichts, er ist der *Ruler*, der Meister des Reglements.

Diese kodifizierte Welt, in der wir leben, setzt sich zusammen aus Klängen, aus Worten und verschiedenen Kehllauten, aus ausdrucksvollen Gesten und Momenten der bedeutungsvollen Stille. Die Psycholinguistik der Sprache ist eine fortgeschrittene Wissenschaft, die des Schweigens jedoch steckt noch in den Kinderschuhen. Erst vor einigen Jahren haben amerikanische und japanische Wissenschaftler diese Aufgabe in Angriff genommen.

Analysieren wir doch einmal, gemeinsam mit Erving Goffman, einem Soziologen der Universität Berkeley, das Verhalten eines Fußgängers, der sich auf der Straße bewegt:[1]

1. Sein Blick gleitet über eine vor ihm liegende Fläche in Form eines langgestreckten Ovals hinweg, dessen Ausmaß je nach Verkehrsdichte variiert; innerhalb dieses Bereiches befindet sich ein zweites, kleineres Oval, die Fläche, auf die er gefahrlos seine Füße setzen kann.

2. Nachdem er die festen und beweglichen Hindernisse unterschieden und die stehenden oder sich fortbewegenden Fußgänger erkannt hat, die sich in seinem Gesichtskreis befinden, verhält er sich ihrer Geschwindigkeit und ihrer Richtung wie auch seiner eigenen Richtung und Geschwindig-

keit entsprechend, so daß er ihnen nicht in die Bahn kommt und seinen Weg fortsetzen kann, immer dem Ziel zustrebend, das er sich gesetzt hat – wie ein wanderndes Radar.

3. Er ist fortwährend damit beschäftigt, seine Absichten allen, Fußgängern wie Autofahrern, erkennbar und verständlich zu machen. Und das ist der Kernpunkt: Ein sich bewegender Fußgänger hört nicht auf, schweigend Botschaften zu empfangen und selbst solche abzugeben, wodurch sich die verschiedenen Strömungen einer Menschenmenge, auch wenn sie sehr dicht ist, kreuzen können, ohne einander zu gefährden oder Schaden zuzufügen.

Beim Überqueren einer Kreuzung wie auf dem Bürgersteig werden zwischen den Fußgängern stumme Signale in kurzen Abständen ausgetauscht, um einen flüssigen Verkehrsablauf zu ermöglichen. Nur ein versehentlicher Zusammenstoß oder ein zu dichtes Aneinandervorbeigehen, bei dem man sich entweder streift oder stehenbleiben muß, hat eine gesprochene Reaktion zur Folge, ein höfliches »Entschuldigung!«, ein unhöfliches »Können Sie nicht aufpassen?« oder gar ein ungeduldiges »Nun gehen Sie doch schon weiter...«.

Körperkontakt mit Unbekannten wird nur in eingegrenzten Räumlichkeiten hingenommen: in Kaufhäusern, Bussen, U-Bahnen, Zügen, Lokalitäten also, in denen zu Stoßzeiten ein Gedränge herrscht wie in einem Pferch. So erträgt man denn – auch hier natürlich schweigend, es sei denn, man läßt sich in ein Gespräch verwickeln – dieses feucht-warme Gefühl, in dem jeder darauf bedacht ist, seine Rolle weiterzuspielen, gleichzeitig aber seinen Gedanken und Alltagsgeschäften nachhängt. Den Blick ins Leere gerichtet, mit verminderter Atmung und angespanntem Körper, bewegt man sich von Ort zu Ort. So strömt auch die Stille in einem überfüllten Fahrstuhl eine unglaubliche Intensität aus. Was jeder von uns schon hat erfahren können.

Die Maske fällt aber nur in sicheren Gefilden: in Cafés, Restaurants, zu Hause, an vertrauten Orten oder auch im Kreis der Familie, falls man sich nicht zu einer neuen Vorstellung, zu einer neuen Rolle verpflichtet fühlt. In diesem Fall wird die Maske ausgetauscht gegen die des leutseligen Gastgebers oder die des Vaters oder des Ehemanns, der diese oder jene Botschaft zu vermitteln, dieses oder jenes Recht zu verteidigen hat.

Zu den wichtigsten dieser Rechte zählt natürlich der persönliche Freiraum, der fixiert sein kann – der Sessel, das Zimmer, das Auto ... – oder aber variabel einer Situation in der Öffentlichkeit entsprechen kann: im Kino wie im Restaurant ist das grundsätzliche Bestreben zunächst, keinen fremden oder irgendwie aus dem Rahmen fallenden Menschen direkt neben sich zu haben. Man ist zwar gezwungen, die Anwesenheit eines anderen schweigend hinzunehmen, aber man hofft, daß sich dieser als nicht gar zu störend erweist. Aggression und Verletzung von Territorien ereignen sich in der Realität ständig. Wir erdulden sie, wie wir sie anderen zufügen, und zwar mit Hilfe von rituellen Gesten (man weist mit der Hand auf den Nachbarplatz, den man gern belegen würde) und festgelegten Bemerkungen (»Gestatten Sie?« »Bitte sehr.«), formelhaften Ausdrücken also, die zur Herstellung eines Kontakts dienen, der zugleich aber auch in Grenzen gehalten werden muß; nur sie schaffen »Zutrittsrechte« zum Umgebungsbereich anderer Personen.

Und wieder spielt das Schweigen eine Rolle zwischen all den Unbekannten, die sich gegenseitig auszuloten versuchen. Denn X und Y haben eine bestimmte Art, sich zu kleiden, nehmen eine bestimmte Haltung ein, bedienen sich eines gewissen Verhaltens, das die Rolle oder das Bild erkennen lassen soll, das der betreffende Mensch von sich selbst vermitteln möchte. X aber sieht Y nicht so, wie dieser gern gesehen werden möchte, und umgekehrt. Unser Erscheinungsbild wird selten so interpretiert, wie wir es gerne hätten. »Ich weiß nicht, wer ich bin ... Nur die anderen können sich, wenn überhaupt, eine Vorstellung von mir machen«, wie Roland Barthes es ausdrückt. Gesten und Verhaltensweisen, in all ihren Details, reichen in den meisten Fällen aus, das wahre Spiel eines Individuums zu entziffern.

Es ist im übrigen erstaunlich, wie sehr man sich derzeit dieses Sachverhalts bewußt geworden ist – was in der Mode des »Rollenspiels« besonders deutlich zum Ausdruck kommt, in dem man sich bestimmte Masken aufsetzt und Handlungsweisen durchspielt, die keinen Bezug zu den eigenen Masken und Verhaltensweisen haben, die man im Alltag anwendet. So kann man in Gesellschaft in eine andere Rolle schlüpfen, kann sich im Spiel für eine andere Person halten.

Ein jeder von uns ist also aufgrund seiner Körpersprache, die kennzeichnend für ihn ist, »unablässig damit beschäftigt, eine gegenüber der jeweiligen Umwelt vertretbare Position zu halten, und er kann jederzeit damit beginnen, mit Hilfe der Gestik Kontakte zu knüpfen zu anderen Menschen, bekannten oder unbekannten, um eine solche Position festzulegen.«[2] Wir leben in einer Welt voll von unsichtbaren

Territorien und Grenzen, die wir aufgrund der Verhaltensweisen der anderen erfassen können und auf die wir unablässig reagieren, mit oder ohne Worte, so daß ein reibungsloser Ablauf unserer eigenen Dynamik gewährleistet ist, unsere Tatkraft nicht behindert wird – daß wir vor allem in unserer Rolle, in dem Eindruck, den wir von uns geben wollen, nicht das »Gesicht verlieren«. Ob man vom jeweiligen Gegenüber einen Dienst erwartet, einen bezahlten oder einen unbezahlten, oder ob man erwartet, daß er unseren persönlichen Freiraum respektiert bzw. unsere Funktion anerkennt, in allen Fällen sagen unser Schweigen, unser Gesichtsausdruck und unsere Körpersprache ebensoviel aus, wenn nicht mehr, wie unsere Worte. Jeder von uns erzeugt um sich herum eine »Atmosphäre«, manche würden lieber sagen »Schwingungen«, die man bis zu einem gewissen Grad beeinflussen kann, die aber vor allem von Stimmung und Situation abhängig ist. Und diese Atmosphäre, diese Schwingungen, erlauben es anderen Menschen, sofern sie darauf achten wollen, meinen inneren Zustand, fast möchte ich sagen, meine Wellenlänge wahrzunehmen.

Das Problem dabei ist natürlich nach wie vor, daß man sich niemals wirklich im klaren ist über sein eigenes Bild, über das, was man aussendet, und das, was empfangen wird. Der ganze Verhaltens-Code, den man gemeinhin mit dem Begriff der guten Erziehung umschreibt, wurzelt im komplizierten System der Reflexe, aus dem das Leben in einer sozialen Gemeinschaft besteht. Und der schweigende Auftritt erweist sich von Anfang an als wirkungsvoller als das Reden. Das erklärt auch den Erfolg jener Romane, in denen nicht nur die unterhaltsame und spannende Geschichte den

Leser interessiert, sondern auch die vielen psychologischen Beschreibungen und Verhaltensanalysen, die ihm mehr Aufschluß geben, als die nackten Dialoge zwischen den Protagonisten es tun könnten.

Entscheidend ist die doppelte Blickrichtung: diejenige, die wie ein Netz auf den anderen zielt, und diejenige, die sich auf einen selbst richtet – die man trägt wie eine Last. Wenn der Blick auf den anderen sich oftmals als maßlos streng erweist und in jedem Fall als gnadenlos, dann muß es der Blick auf sich selbst ebenfalls sein, denn für die Entfaltung unseres Charakters ist es wichtig, daß wir uns im klaren sind über das Selbstdarstellungsspiel, dem sich unser egozentrisches Ich unentwegt hingibt. Wenn das »Scheinen« auf das Sein übergreift, leidet unsere wahre Persönlichkeit darunter, und das falsche Spiel des Ich wird für den anderen durchschaubar. Wir können uns nicht lange hinter einer Fassade versteckt halten: Die nichtverbalen Formen der Kommunikation werden ohne unser Wissen über den wahren, nämlich bedenklichen Zustand Aufschluß geben, in dem wir uns befinden. Unsere Gesten und unser Schweigen verraten uns. Wir können das Spiel natürlich hervorragend beherrschen, aber damit stellt sich nur ein weiteres Problem: Was bleibt, wenn wir allein sind und uns selbst gegenüberstehen?

So wie M. Jourdain in Molières *Bürger als Edelmann,* ohne es zu wissen, Prosa produziert, so leben wir in einer Folge stummer Unterhaltungen, ohne uns dessen vollkommen bewußt zu sein. Wir »telepathieren« pausenlos. Das ist sehr deutlich zu erkennen bei einem Telephongespräch, das, je nachdem, mit wem man sich unterhält, durchsetzt ist von mehr oder weniger langen Pausen, die nicht allein auf das Zuhören zurückzuführen sind, sondern die aus nicht zu Ende gesprochenen Sätzen, aus Zögern bestehen ... aus Ungesagtem in der Fülle seiner unterschiedlichsten Bedeutungen.

In solchen Augenblicken verbaler Kommunikation ohne visuelle Signale wird die metrisch-rhythmische Dimension der Stille vollkommen aufgedeckt. Auch die Schweigepausen, die erst den stimmlichen Rhythmus ergeben, unterliegen in ihrer Dauer und Intensität regelrechten »Aussprachenormen«. Die Melodie des Diskurses liegt gleichermaßen in den Worten und in den Pausen, die über ihre gewöhnliche und schematische Geprächsfunktion hinaus fragend, verheißungsvoll, drohend, beleidigend, liebevoll, zweifelnd gemeint sein können, den Charakter eines Befehls oder einer Bitte haben, negativ oder positiv, warm oder kalt wirken können. Ausschlaggebend sind die vielen graduellen Abstufungen, die vom Ton der Stimme abhängen, welche sowohl Laute als auch Pausen aussendet.

Lautäußerung und Schweigen dürfen nicht als schroff gegensätzliches Begriffspaar aufgefaßt werden. Beide Begriffe durchdringen sich in Wirklichkeit, sie verschmelzen mit dem Strom des Lebens und sind nicht mehr voneinander zu lösen.

Die unterschiedliche Intensität, Dauer und Frequenz von Schweigen kann man nur in ihrer wechselseitigen Abhängigkeit und erst recht in ihrer Abhängigkeit von der Sprache, der Person und der erlebten Situation beurteilen. Im Falle einer Unterhaltung mit visuellem Kontakt spielen Ausdruck und Gestik die wesentliche Rolle. Kopfschütteln, Mienenspiel, Lächeln, Grimassenziehen, wechselnde Eindringlichkeit des aufmerksamen, freundschaftlichen oder feindseligen Blicks, Stirn in Falten legen, Atemrhythmus, Bewegungen der Schultern, der Hände, der Finger, Zappeln der Füße und Wippen sind lauter pantomimische Darbietungen, die uns Auskunft geben über Gefühle und Reaktionen unseres Gesprächspartners. Und diese Mimik und Gestik, die manchmal genau das Gegenteil des Gesagten ausdrükken, geben auf jeden Fall ein exaktes Bild vom Ablauf der Unterhaltung.

Während man redet, kann man also durchaus dem Schweigen des anderen zuhören. Auch wenn sich dieser kaum bewegt, ein leichtes Beben der Nasenflügel, ein Leuchten in seinem Blick, die Art, wie er den Rauch seiner Zigarette wegbläst oder wie er seine Finger bewegt, die Intensität seines Schweigens, all das sagt viel über ihn aus. Bei einem Gespräch redet man nicht einfach, man agiert im Schweigen des Partners und gestaltet dieses Schweigen. Außer, er ist mit seinen Gedanken andernorts, was häufig vorkommt ...

Darüber hinaus gibt es aber auch unsere eigenen Pausen im Diskurs. Unter den amerikanischen Wissenschaftlern, die versuchen eine Typologie des Schweigens zu erstellen, ist Th. J. Bruneau der erste, der sie mit Vorgängen im Gehirn in Verbindung zu bringen sucht, wodurch er der Forschung neue Wege eröffnet:[3] »Wir gehen davon aus, daß es zwei Arten von psycholinguistischen Schweigepausen gibt, die zur Dekodierung der Sprache benutzt werden: die Schweigepause von kurzer Dauer, genannt ›schnelle Pause‹, und die langanhaltende Schweigepause, genannt ›langsame Pause‹.«

Gewisse langsame Pausen, die einem Gesprächspartner auferlegt werden, erscheinen ihm unvereinbar mit seinem eigenen Gedanken- und Wertesystem oder sogar mit seinen natürlichen Veranlagungen. Dann schlägt der Kontakt um in Gereiztheit und Verärgerung. Man würde gern in die Pausen hineinsprechen, sie dort unterbrechen, wo sie unangebracht zu sein scheinen, wo sie als Löcher, als Brüche in der Beweisführung wirken. Es gibt ein Zurückweisen der Pause wie ein Abweisen der Worte. Mitunter jedoch werden bestimmte lange Schweigephasen in einer Unterhaltung sehr gut aufgenommen, die Wellenlänge stimmt. Sie sind Bestandteil einer dynamischen Kommunikation, denn sie entsprechen den mentalen Erfordernissen beider Partner.

Bruneau spricht auch von »interaktiven« Pausen, die sich in einer Unterhaltung, einer Diskussion, einer Debatte finden: »Es scheint, als seien die interaktiven Pausen zwischen den Menschen sehr vielfältiger Natur. Sie stehen in einem engen Zusammenhang mit der Art des Nachrichtenaustauschs und ganz besonders mit den Situationen und den Umständen, unter denen die Kommunikation abläuft. In diesen interaktiven Pausen werden eine ganze Reihe von Entscheidungen getroffen, die mit Gefühl und Wissen zu tun haben; auch Folgerungen und Beurteilungen fallen in diese interaktiven Pausen. Sie scheinen also die wichtigsten zu sein für die zwischenmenschlichen Beziehungen.

Die meisten Entscheidungen werden getroffen, um zu vermeiden, daß die interaktiven Pausen zu lang werden. Sobald sich eine Pause ausdehnt, führt sie zu Spannungen, zu Unsicherheiten, ja manchmal ist die Gesprächsbeziehung sogar gefährdet und kann vollkommen scheitern, im Fall einer geschäftlichen Unterredung zum Beispiel ...«

Im Alltag richtet man es so ein, daß das Schweigen nicht zu lang dauert: daher das ganze Geschwätz über das Wetter, wenn man nichts anderes zu sagen hat. Taxifahrer haben mir oft erzählt, daß ihre Kunden meist versuchen, ein Gespräch in Gang zu bringen mit den Worten »Schönes Wetter, nicht?« oder »Was für ein mieses Wetter heute«. Vorgänge dieser Art können wir täglich erleben, in vielen Situationen.

Amerikanische Rechtsanwälte raten den Zeugen und ihren Mandanten, gut zu überlegen, bevor sie ihre Aussage machen, allerdings ohne zu lange zu zögern, was den Anschein erwecken könnte, man hätte etwas zu verbergen. Eine Pause von fünf Sekunden ist das Maximum, das nicht überschritten werden sollte, um beim Richter und den Geschworenen nicht einen negativen Eindruck entstehen zu lassen.

Dem Recht auf Aussage entspricht natürlich ein Recht zu schweigen, das viele Angeklagte auch in Anspruch nehmen. Oft ist es tatsächlich besser zu schweigen, als etwas Falsches zu sagen. Aber dieses Schweigen wird von der Justiz eher als Verschleierungsmanöver oder Verachtung empfunden denn als ein Sich-Auflehnen gegen die Ungerechtigkeit der Gesellschaft.

In den sozialen Beziehungen ist das Schweigen ein Beobachtungsposten und zugleich ein Ort des strategischen Rückzugs.

Es ist wie beim Kartenspiel: Man entscheidet schweigend, ob man seine Karten aufdeckt, also ob man angreift, oder ob man sein Spiel verdeckt hält und einen günstigeren Augenblick abwartet. Dieser Prozeß wird besonders deutlich in beruflichen Situationen, bei Arbeitssitzungen zum Beispiel. Da gibt es diejenigen, die die Sitzung leiten, und diejenigen, die wie beim Kartenspiel einen günstigen Augenblick abwarten, um das Wort zu ergreifen und sich ins Gewühl zu stürzen. Es gibt aber auch diejenigen, die sich langweilen und nur darauf warten, daß die Zeit vergeht. Ihre abwesende Schweigsamkeit ist deutlich erkennbar, und derjenige, der die Sitzung leitet, wird nicht zögern, sie anzugreifen, sie unerwartet anzusprechen, ihnen mit Hilfe von bissigen Bemerkungen und anschließendem tödlichen Schweigen ein schlechtes Gewissen einzuflößen.

Die Kontrolle über das Schweigen erlaubt, mit den Worten Kahns ausgedrückt, »grundsätzlich die Priorität von Aktionen zu bestimmen«.

Alle Psychologen sind sich darüber einig, daß die echten Entscheidungen in Augenblicken der »langsamen Pausen« getroffen werden. Diese Pausen geben jedem Beteiligten die Chance, persönliche Schlüsse über das, was gerade geschieht, zu ziehen oder Beurteilungen abzugeben über die verschiedenen Botschaften. Dazu gehört auch die Interpretation der von den anderen eingehaltenen Pausen: Motivation und Persönlichkeit kommen gerade hierin ans Licht.

Wenn die Pause zu lang ist, »hört man eine Stecknadel fallen«, und die Kommunikation bricht von einem gewissen Punkt an zusammen. Die Schwelle ist variabel und hängt vom Grad der Vertrautheit der am Gespräch beteiligten Personen ab.

Ob es nun aggressiv, defensiv, verächtlich, zäh, gelangweilt, lästig oder freundlich ist, ob es eine Meinungsverschiedenheit oder eine Übereinstimmung zum Ausdruck bringt, ob es sich als offen oder verschlossen darstellt, das Schweigen ist eine Bastion, ein individueller Stützpunkt.

Gewisse Pausen erweisen sich als konfliktgeladener als gegenseitiges Beschimpfen, so wenn sich zum Beispiel zwei Bekannte nach einer Meinungsverschiedenheit aus dem Weg gehen. Schweigsamkeit kann voller Haß sein, aufgeladen mit ungeheurer potentieller Gewalt. Umgekehrt kann von richtig verstandenem Schweigen auch eine große menschliche Wärme und Vertrautheit ausgehen. Kurz, es gibt lachendes Schweigen, und es gibt schreiendes, klagendes, bettelndes oder forderndes Schweigen.

Was das Schweigen unheimlich macht, das ist seine »Zweideutigkeit«, denn es stellt die Beziehung zwischen den Partnern immer wieder in Frage.

In den Kontakten zwischen Untergebenen und Autoritätsinstanzen spielt das Schweigen eine ganz besonders wichtige Rolle. Das respektvolle Schweigen des Angestellten entspricht dem autoritären und unwiderruflichen Schweigen des Chefs, der im übrigen auch über Reden und Nicht-Reden entscheidet. Die Autorität, ob sie nun eine polizeiliche, eine administrative, eine medizinische oder eine berufliche ist, übt stets eine aktive Kontrolle über das Schweigen aus, was den betreffenden Bittsteller in eine als unangenehm empfundene Erwartungshaltung und somit in eine Position der Unterlegenheit versetzt: eine perverse und effiziente Strategie.

Ich habe sie beobachtet, die großen Bosse von Presse und Verlagswesen, die hochbegabten Industriellen und die großartigen Kaufleute, die berühmten Mediziner und Wissenschaftler. Bei allen habe ich Zonen des Schweigens von oft überraschendem Ausmaß registriert. Sie alle sind sehr gute Redner, aber sie ziehen es vor zu schweigen, zuzuhören, zu entscheiden. Ihr Schweigen setzt sich bis in ihr Privatleben fort, das an ihnen vorüberzieht, als seien sie unerschütterliche hierarchische Felsblöcke, und das sie doch leiten wie ihre Geschäfte, ganz als hätten sie es auch hier mit Mandanten oder Kunden zu tun. Sie verfügen über Geist, sie sind zu mehr als brillanter Konversation fähig, ihre Bildung ist umfassend, ihre Interessenschwerpunkte sind zahlreich, ihr Blick auf die Welt ist ungetrübt klar: Sie sind Meister der Menschenführung, von einer Festung der Stille aus treffen sie ihre Entscheidungen. Was sie nicht hindert zu lieben, zu lachen, Feste zu feiern und sich innerlich weiterzuentwikkeln. Sie wissen wirklich, was das Sprichwort bedeutet: Schweigen ist Gold. Sie haben gelernt, das Schweigen als Werkzeug zu benutzen, das genausogut dazu eingesetzt werden kann, die anderen zum Reden zu bringen, wie auch dazu, Nachdenken zu fördern und bei jeder Debatte das Für und Wider abzuwägen. Sie setzen das Schweigen ebenfalls ein, um Einstellungen und Theorien möglicher Mitarbeiter zu testen. Stumm warten sie ab, bis der andere sich entblößt hat, bis er verunsichert innehält.

Das Schweigen erlaubt es, die Kontrolle zu behalten, immer einen Gedanken voraus zu sein, einen Schritt weiter als der laufende Diskurs und dessen Thesen. Im Schweigen liegt immer schon die Zusammenfassung alles Gesagten und noch zu Sagenden.

All die Redner und routinierten Professoren wissen, daß

ein Vortrag – wie langsam oder wie schnell er immer vonstatten gehen mag – die Botschaft oder die Lehre besser anbringt, wenn nach bestimmten Sätzen markante Pausen eingelegt werden. Man muß dem Geist der Zuhörer Zeit lassen, die Informationen aufzunehmen. Aber diese Pausen müssen kurz sein, damit die Aufmerksamkeit nicht leidet oder gar verlorengeht. Geübte Redner verstehen sich auch darauf, dem Schweigen im Saal zuzuhören, Zonen der Schläfrigkeit auszumachen, um dann gezielt um erneute Aufmerksamkeit zu werben. Ein guter Redner spielt mit dem Schweigen seiner Zuhörer.

»Je weniger geredet wird, desto mehr werden die Worte fast fühlbar; desto stärker wird innerhalb eines gegebenen Raums die physische Anwesenheit des Sprechenden spürbar«, sagt Professor Bruneau, der übrigens auch behauptet, daß das Lachen die Aufgabe haben könne, Stille zu vermeiden, was wiederum zweifelhaft ist. Denn an Mitteln, die Stille zu durchbrechen, fehlt es nicht: verschiedene Arten zu lachen, gewiß, aber auch Ausrufe und vor allem der immense Schatz verbaler Ausdrucksmöglichkeiten.

Tatsache bleibt jedoch, daß das Schweigen zwar im Spiel der Macht als Deckung genutzt wird, daß es aber ebenso alle mehr oder weniger intensiven Gefühlszustände, die in uns wohnen, schützen kann. Schmerz, Schuld, Enttäuschung, Scham, Schwäche, Glück, Überraschung, alle verborgenen Reaktionen, all unsere Phantasien und geheimsten Wahnvorstellungen.

Schweigen, das ist die Kehrseite der Fassade, die andere Seite der Maske, das verborgene Gesicht der Person. Das Sprungbrett des Wortes.

Die Sprache der Augen

Mit deinen Worten machen die anderen, was sie wollen, dein Schweigen aber macht sie wahnsinnig.

FRÉDÉRIC DARD alias SAN ANTONIO
Maman les petits bateaux

Das Schweigen als Sprache der Leidenschaft? Ja. Schweigend und konzentriert muß man ein Schauspiel, ein Gericht, ein Getränk, eine Haut genießen, um sie richtig auszukosten. Liebeserklärungen werden von Wogen des Schweigens getragen, in denen die Liebenden in gemeinsamer Glückseligkeit baden, noch bevor sie Zärtlichkeiten austauschen. Jede Anbetung ist zunächst Schweigen. Das Wort ist Bitte, Lob, Gesang..., aber das Verschmelzen selbst ist Eindruck, Implosion, inneres Wogen. Erst durch den Ausdruck, der aus dieser Verschmelzung hervorgeht, wird sie von außen wahrnehmbar. Die Liebe auf den ersten Blick vollzieht sich schweigend, die Liebenden betrachten sich mit verzücktem Blick.

Ein Gemeinplatz sagt, daß Frauen geschwätzig seien. Wenn dies so ist, dann kennen sie den Wert des Schweigens ebenso wie die Freude am Sprechen.

In der Beziehung zu einem Mann sind sie zunächst meist viel schweigsamer als er, denn sie hören sich seine Worte aufmerksam an, um deutlich zu erkennen, womit er sein eigentliches Verlangen verschleiert. Sie schöpfen daraus Hinweise auf den Geschmack, die Sensibilität, die Intelligenz und die besonderen Neigungen dessen, der ihnen den Hof macht. Sie lassen sich bezaubern oder auch nicht, und sie richten ihre Strategie nach diesem Wortschwall aus, der dazu bestimmt ist, sie zu beeindrucken. Die während ihres

Schweigens gesammelten Informationen bestimmen ihr Verhalten. Außerdem schafft dieses Schweigen eine undurchdringliche Mauer, die ihnen in ihrer Entscheidung – ob Einwilligung oder Ablehnung – freie Wahl läßt. So machen sie deutlich, daß ihre Liebe ein Labyrinth ist, in das nicht jedermann vordringen kann. Der dienende Ritter muß die Liebe, die nicht in der äußeren Erscheinung, sondern in den geheimen Zonen ihres Herzens verborgen liegt, auffinden. Und die heutige Rückbesinnung auf die Keuschheit wird diese angeborene Neigung zum Geheimnisvollen nur noch verherrlichen.

Die Liebe einer Frau zeigt sich in ihrem Hang zur Stille. Sie ist übrigens oft überrascht, daß ihr Geliebter sie nicht versteht, wenn sie in Andeutungen spricht. Sie muß ihm oft Dinge erklären, die ihr selbstverständlich erscheinen, und das ist ihr lästig. Es ist ein tausend Jahre altes Dilemma: die Frau will dem Mann ihre tiefsten Gefühle mitteilen, sie spürt voraus, der Prozeß wechselseitiger Initiation will intensiver werden, aber wie nur soll sie erreichen, daß er harmonisch verläuft? Nichts genießt sie mehr in einer Liebesbeziehung als die Augenblicke, in denen ihr Alter Ego alle Unruhe ablegt, um sich mit ihr in die Ruhe zu begeben, in geistige Verbindung mit ihr zu treten, in Einklang mit ihr zu sein. Dann, nur dann, fällt alles Komplizierte plötzlich ab. Dann kann sie in ihrem Geliebten wie in einem offenen Buch lesen, ihn wie einen leeren Raum betreten und sich in ihm zu Hause fühlen, häufig kennt sie ihn viel besser, als er sich selbst kennt. Schweigend erforscht sie die kleinsten Einzelheiten, die ihr etwas über ihn sagen, sie kann sich in seine Liebe kuscheln wie in ein bequemes Kleidungsstück und unendlich viel von ihm erraten.

Dem Mann dagegen, der sich viel unbedachter, viel beredter, egozentrischer und unruhiger verhält, fällt weniger auf, was in der Frau vor sich geht, was sich in ihr verändert, was sie verkörpert. Bemerkt er es dennoch, dann bereitet er damit ihr und sich eine seltene Freude. Eine Frau braucht Zärtlichkeit und Zuwendung, und sie will, gleich wie alt sie ist, mit Aufmerksamkeit und Einfühlung behandelt werden. Übrigens wird sie es hundertfach zurückgeben. Aber um sie zu begreifen, muß man sie in ihren Verwandlungen schweigend betrachten können.

Die Liebesbeziehung kann sich nur dann verwirklichen und wachsen, wenn der Mann das Geheimnis der Frau ergründet, das viel tiefer liegt als in ihrer Geschlechtlichkeit. Er muß ihren inneren Zauber erspüren, in jenem »Kern der Nacht«, von dem André Breton sprach, versinken. Nur so kann die Alchimie der Beziehung stattfinden, nur so können sich die Gegensätze aussöhnen und vereinigen, nur so kann eine liebende Wesenheit zwischen Mann und Frau entstehen. Denn in einer geglückten Begegnung zweier Liebender liegt so etwas wie eine Auferstehung.

Die Frau nimmt das alles instinktiv wahr, deshalb hofft sie, deshalb kann sie warten. Jeder Mann ist ein Märchenprinz, dazu bestimmt, ein Aschenputtel von seinem Los zu befreien. Irgendwann wird die Begegnung stattfinden – wenn man sie verdient. Auf Gedeih und Verderb, wie es so schön heißt. Die eigentliche Verbindung gründet sich auf rücksichtsvolles Einverständnis im Schweigen, die wahre Schönheit der Liebe liegt in ihrem Wesen, Gnade und Anstrengung, Geschenk und ständige Eroberung zu sein – ein Glaubensakt.

Das Schweigen nach dem Geschlechtsakt sagt alles über den Zustand der Erfüllung oder der Frustration, über die wirkliche Befriedigung der Partner und ihr nacktes gegenseitiges Verstehen.

Immer wieder bin ich überrascht, wenn ich feststelle, wie sehr sich Frauen des auf sie gerichteten Blicks bewußt sind. Betrachten Sie eine Frau, sei es auch nur durch ein Schaufenster von der anderen Straßenseite aus, während sie mit dem Rücken zu Ihnen bei Freunden steht und plaudert, nach wenigen Sekunden wird sie sich umwenden, um festzustellen, woher der forschende Blick kommt. Auch wenn man im Auto aneinander vorbeifährt, der kleinste bewundernde Blick ruft ihre kaum wahrnehmbare Reaktion hervor. Sie registrieren die Prüfung, Liebkosung, das Urteil, die geringste Aufmerksamkeit.

Amerikanerinnen, die in Europa und vor allem in romanischen Ländern gelebt haben und dann in die USA zurückkehren, in ein Land, in dem es nicht zum guten Ton gehört, anderen von Kopf bis Fuß Aufmerksamkeit zu schenken, fühlen sich mißachtet, wenn man sie ihrer Fehler sowie auch ihrer erkennbaren erogenen Qualitäten wegen plötzlich nicht mehr betrachtet und taxiert. Kopfhaltung, Po, Glanz der Haare, Beine, Figur, wohlgestaltete, ja auch rundliche Formen, die Art, sich zu kleiden und in Farben zu hüllen, Brüste, anmutige Gesten, letztlich alles, was Charme und Sexappeal verleiht, wird hierzulande unverhohlen bewundert (und nicht selten ist diese Bewunderung mehr plump als galant).

Eine Frau, die ohne Worte verführt, besitzt eine gefährliche Waffe. Dies gilt auf der ganzen Welt, wenn auch die Ausdrucksarten sich unterscheiden. Hinter dem Schleier der Mohammedanerinnen spielt sich alles über den unglaublich gesprächigen Blick ab, und hinter den bewegungslosen Mienen der Japanerinnen und ihren ausdruckslos wirkenden Schlitzaugen sagt uns ihr filigranes Lächeln alles, was wir wissen wollen. Aber Vorsicht, lassen Sie sich nicht in die Irre führen. Das Schweigen einer Frau ist genauso verräterisch wie ihr Versprechen, sagt ein Sprichwort.

Letztlich könnten sie alle gemeinsam mit Olympia Alberti sagen:[1]

»Hatte ich mehr verlangt
Und für das, was hinter den Worten ruft,
Mehr erhalten?
... Und die Schönheit, glaubst Du, sie ist nicht
Zeichen
Für in den Himmel
zerstäubten Schrei,
von der Warte meines Schweigens aus
spreche ich zu den Sternen.
Und sie sehen mich an.«

Ich bin auf der Durchreise in Paris und fahre mit der Metro: ein wunderbares Mädchen steigt ein. Ein herrliches Geschöpf, sprühend vor Charme, sich ihrer Ausstrahlung wohl bewußt, stolz. Ich betrachte die junge Frau bewundernd, sie weiß es, sie spürt es. Ich wende meinen Blick von ihr, erst dann richtet sie ihre Augen auf mich. Ich weiß es, ich spüre es. Eine telepathische Welle, die das Schweigen überbrückt.

Das Schweigen ist Empfindung, Wahrnehmung, Austausch.

Inneres, aber tastbares Universum.

Kommunikationskanal.

Jeder Tag hat seine besonderen Augenblicke des Schweigens. Gestern abend sage ich einen Satz zu Marie, der ihr mißfällt. Sie antwortet nicht. Im Schweigen, das sich zwischen uns breitmacht – wir liegen nebeneinander im Bett –, spüre ich eine rote Woge auf mich zukommen, ein Zornesbeben, das den Raum zwischen uns zerknittert. Es ist unsichtbar, geräuschlos, geruchlos, aber es ist da. Unglaublich gegenwärtig. Daraufhin schmeichle ich ihr, sage zärtliche Worte, behaupte, ich hätte das vorhin nur so gesagt, einfach so, Dummkopf, der ich bin. Sie sagt noch immer nichts, ich spüre sie im Dunkeln lächeln, die aggressive Woge ebbt ab, verwandelt sich in Zärtlichkeit. Noch immer herrscht Schweigen.

Gesichter faszinieren mich und besonders auch das gewesene Kind, das man in ihnen entdecken kann. In manchen flüchtigen Augenblicken, in Momenten natürlicher Freude kann man in den Gesichtszügen eines Menschen, auch wenn er schon alt und voller Falten ist, das Bild der unverbrauchten Jugend aufflackern und durchschimmern sehen. Es ist wie ein Blitz, es ist sehr schön, ergreifend, flüchtig.

Wenden wir uns wieder der Sprache der Augen zu. Der Augenausdruck, belustigt, schelmisch oder traurig, resigniert, müde und leer oder von Machtwillen besessen, klar wie ein Wasser oder düster wie der Sturm, zänkisch oder versöhnlich, unruhig oder ruhig: die Augen sind Spiegel der Seele. Malcolm de Chazal, ein wunderbarer und leider nicht sehr bekannter Schriftsteller, schreibt in seiner schönen

Aphorismensammlung, die den Titel *Plastischer Sinn*[2] trägt: »Die Sprache der Augen zeigt den jeweiligen Rahmen der Dinge, die nicht ausgesprochen werden. Das Feld des Schweigens kommt dem Blickfeld gleich. Langes Schweigen erfordert einen Blick, der ins Weite geht. Das Schweigen des Geschwätzigen entspricht einem Blick, der allzu aufdringlich ist. Das Auge des Geschwätzigen, der verstummt ist, schnattert rund um eine winzige Achse, geräuschlos, so als warte er darauf, daß dieser zerbrechliche, reglose Körper aufwacht, um sich über ihn zu ergießen und ihn in das Geschrei des Blicks entschwinden zu lassen, inmitten des Geschnatters der Worte.«

Er bemerkt außerdem, daß die Frau, »ob sie nun im Recht oder im Unrecht ist, die Kunst beherrscht, den Mann durch die Offensive des Schweigens in die Defensive der Worte zu treiben«.

Es gibt nichts Gesprächigeres als unbewegte Lippen, sagt Philippe Bouvard: »Mag unsere vom Kommunikationsüberfluß geprägte Gesellschaft auch vieles behaupten, die Körper haben mehr zu sagen als ihre Besitzer, sie sagen es besser und offener. Die Lüge beginnt erst mit dem ersten Wort.«[3]

Im Schweigen und durch das Schweigen kommen noch viele andere, weniger fröhliche Zustände zum Ausdruck: Das Beben der Eifersucht zum Beispiel erweist sich als eine ganz besondere Form des Schweigens. An uns selbst empfinden wir es als unangenehmes Kneifen, unbestimmte Angst und Revierverteidigungsimpuls. Sind wir ihr ausgesetzt, so nehmen wir sie als Befehl wahr, jegliche Verführungsaktion sofort einzustellen, selbst wenn diese uns harmlos erscheint. Wenn man eifersüchtig ist, möchte man den anderen in seinen Bemühungen bremsen, die einem zu Recht oder zu Unrecht als verdächtig freundschaftlich erscheinen, und ist jemand auf uns eifersüchtig, verlangt er von uns, die heitere, sich anbahnende Begegnung, die uns bezaubert, das komplizenhafte Einverständnis, das uns mit einem anderen verbindet, abzubrechen. Worte sind in diesem Fall kaum nötig, die Augen senden Laserstrahlen aus, und der Alarm geht als schweigendes Feuerwerk los.

Eine weitere, wieder anders gefärbte Art des Schweigens ist das der Besorgnis: gequältes Schweigen von düsterem Braun, in dem man wartet und sich dabei das Schlimmste, Schrecklichste und Unüberwindbare vorstellt. Die Zeit dehnt sich aus, man geht im Kreis, wird fast wahnsinnig, ein dumpfes Gefühl in der Magengegend macht sich bemerkbar, ein Kloß steckt im Hals, die Augen treten aus den Höhlen. Die Angst hat völlig Besitz von uns ergriffen und wühlt Körper und Geist auf.

Das Schweigen der Langeweile dagegen ist grau; nichts geschieht, das ist hier das eigentliche Problem.

Dann ist da noch das unangenehme, lastende Schweigen, das die Szene, den Skandal, die Krise ankündigt. Wie ein großes Unglück verdichtet es sich über uns und erzeugt Furcht, es drückt uns durch Bedrohung und Gefahr nieder. Schwarzes Vorzeichen des bevorstehenden Streits, den man schnell und diplomatisch verhindern muß. Das stellt sich aber als recht schwierig heraus, denn wenn erst einmal dieses Stadium erreicht ist, muß dieses schwarze, von Blitzen durchzuckte Schweigen einfach losbrechen wie ein Gewitter, es muß sich in erzürnten Vorhaltungen ergießen. In der daraufhin einsetzenden Stille schöpft man wieder Atem und klebt die Scherben zusammen. Manchmal ist es übrigens besser, seine Unzufriedenheit hinauszuschreien, als sie einfach hinunterzuschlucken. Wenigstens kommt dann etwas in Bewegung. Alles ist eine Frage der Nuancen.

Die schlimmste Art des Schweigens aber bleibt das Schweigen der Verzweiflung, das jeden irgendwann einmal heimsucht. Der Mensch geht seinem Zusammenbruch entgegen; er ist ein einsamer Schiffbrüchiger im aufgepeitschten Ozean seiner Gefühle, welche von der harten Realität zunichte gemacht und verhöhnt wurden. Abgründe der Traurigkeit und manchmal auch der Tränen tun sich vor ihm auf, in die er unendlich tief hinabsinkt, wo er keinen Grund mehr zu erreichen glaubt und aus denen er schließlich im Lauf der Zeit doch wieder herausfindet, um neue Hoffnung zu schöpfen.

Mein Zen-Lehrer, Taïsen Deshimaru, der schon viel erlebt hatte, sagte in seinem »Zenglish«-Jargon, einer Mischung aus Englisch und Französisch: »Bad becomes good, good becomes bad, c'est la vie«, »Das Schlechte wird gut und das Gute wird schlecht«. Es stimmt, daß jede Situation jederzeit verändert werden kann, weil sie ihren allmählichen Verfall ebenso wie ihre schöpferischen Wandlungsmöglichkeiten in sich trägt, alles ist gleichzeitig sein Gegenteil, Freude und Schmerz, Ermüdung und Erholung, Abwesenheit und Anwesenheit, Sein und Nichtsein. Es genügt, jeden Sturm und jede Windstille, die auf unserem Weg wartet, dazu zu nutzen, unbeirrbar voranzuschreiten.

Ich habe es bereits betont, das Schweigen eines Mitmenschen kann manchmal falsch aufgefaßt werden. 1979 wurde in den USA eine Umfrage durchgeführt, in der man Frauen mit Universitätsbildung zu dem Thema befragte, wie sie das Schweigen untereinander, in ihrem Kommunikationsprozeß, empfinden. Keine Spur von Poesie mehr, das Schweigen der Verliebten ist in weite Ferne gerückt. Frauen, die viel und schnell sprechen und wenig Schweigepausen einlegen, werden von anderen und von sich selbst als warmherzig, kooperativ, aufmerksam, kameradschaftlich und abenteuerlustig betrachtet. Frauen, die weniger sprechen und dazwischen länger schweigen, werden von sich und von anderen als verschlossen, schüchtern, zurückhaltend, kritisch, skeptisch, steif, nüchtern, gleichgültig, unabhängig, leicht zu verärgern, frustriert, ängstlich, angespannt betrachtet. Die Liste der Aufzählungen ist doppelt so lang! Eine weitere Umfrage, die sich ebenfalls an Frauen mit gehobenem Bildungsniveau richtete, bestätigt dieses Ergebnis und legt noch genauer dar, daß die Rededauer vom Verhalten der zuhörenden Frau und nicht von der Persönlichkeit der sprechenden Frau abhängt. Letztere wird nämlich in der Unterhaltung mit einer Frau aus der ersten Gruppe (warmherzig, mitteilsam ...) weniger sprechen, und wenn sie mit einer aus der zweiten Gruppe (zurückhaltend, verschlossen, schüchtern ...) reden muß, wird sie viel mehr sprechen. Und dies können wir tatsächlich aus eigener Erfahrung feststellen, es ist eine Binsenwahrheit: Es ist einfacher, unter Geschwätzigen zu schweigen als unter Stummen, denn dann muß man die Unterhaltung am Leben erhalten, um gesellschaftlichen Austausch möglich zu machen, um »das Eis zu brechen«.

Ein weiteres Ergebnis aller psycholinguistischen Umfragen: Frauen verhalten sich beim Reden zögernder als Männer, dafür sind sie aber für gewisse, nicht verbale Kommunikationsformen empfänglicher. Manche Menschen achten mehr darauf, was in einer Rede gesagt wird, während andere eher für die Art und Weise des Sprechens sensibilisiert sind. Der Platz, den das Schweigen in der Handlung des Sprechens einnimmt, ist untrennbar mit diesem verbunden. Und es ist unmöglich, jemanden nur nach seinem Schweigen oder nur nach seinen Worten zu beurteilen. Die Gesamtheit aus Schweigen und Sprechen enthüllt die Persönlichkeit mit dem, was sie ausdrückt. Denn das Schweigen ist das Mittel, etwas auszudrücken, ohne zu sprechen.

Einige Völker haben eine sehr hohe Kultur des Schweigens entwickelt. Von primitiven Volksstämmen bis zu den höchstentwickelten Gesellschaften, bei den nigerianischen Igbos wie in Japan, gilt das Schweigen als Akt der Beredsamkeit. Für einen Araber ist es ganz normal, schweigend in einer Gruppe zu sitzen – das gehört zu jedem geselligen Beisammensein, man genießt das Schweigen wie eine ungetrübte Freude. Die abendländischen Menschen dagegen lassen sich durch das lange Schweigen der Japaner oft verwirren, sie sind bestürzt, fragen sich, warum man nicht mehr mit ihnen spricht. Ich kann mich jedoch dafür verbürgen, daß es auch ihren geschäftlichen Anliegen förderlich wäre, wüßten sie mit der Ruhe dieses Schweigens umzugehen; denn dann würden ihre Gesprächspartner sie näher einschätzen können und intuitiv das, was hinter ihren Worten steckt, wahrzunehmen versuchen.

Karlfried Graf Dürkheim, der westliche Philosoph, der vielleicht das Wesen der östlichen Denkweise am besten verstanden hat, schreibt: »... der Osten weiß noch um sie [die Stille] als wirkende Wesenheit aus dem Grunde, die zu erkennen und zu entwickeln, zu erfahren und zu behüten dem Menschen bestimmt ist. Darum gibt es im Osten auch eine Kultur der Stille. Die Kultur der Stille bildet dort vielfach das Zentrum aller Gestaltung von Leben und Welt. So ist das Wissen um die ›Kultur der Stille‹ auch ein Schlüssel zum Verständnis spezifisch japanischen Geistes, und es lohnt, sich mit ihm zu befassen. Es lohnt sich nicht nur aus Interesse für eine Blüte fernöstlichen Geistes, sondern weil es uns selber angeht. Es geht um ein Urphänomen allgemeinmenschlichen Seins, dessen Entfaltung im Abendland im Schatten anderer Kräfte in einem Ausmaß gefährdet ist, das unser menschliches Wesen bedroht. Im Spiegel des Ostens vermag der Westen sich seiner selbst bewußter zu werden, bewußter in seiner Möglichkeit und Gefahr. Er erkennt sich in diesem Spiegel nicht nur in der Besonderheit seines Wesens, sondern entdeckt in ihm auch die Züge seiner menschlichen Totalität, die in ihrer Besonderung allzu bedroht sind, deren Verkümmerung aber schließlich die Einheit des Menschseins untergräbt, aus der auch das Besondere lebt.«[4]

Wir Abendländer müssen lernen, den Schatz unserer Schweigensfreiräume in Sprache und Alltagsleben einzubauen und ihn zu beherrschen. Wahrscheinlich ist das ein Ausweg aus zahlreichen psychosomatischen und soziokulturellen Leiden.

Es gilt, die vielfältigen Ausdrucksformen des Schweigens in uns und um uns zu entdecken. Wie Edward T. Hall so treffend sagte, wir »müssen die ›außerbewußten‹ Aspekte der Kommunikation verstehen lernen. Wir gehen falsch in der Annahme, wir seien uns dessen, was wir einem anderen mitteilen, vollkommen bewußt. In der Welt, in der wir leben, wird die Mitteilung eines Individuums an ein anderes leicht verfälscht. Den anderen wirklich zu verstehen und den Gang seiner Gedanken zu ergründen, ist eine viel schwierigere Aufgabe und eine viel ernstere Angelegenheit, als viele von uns sich eingestehen möchten.«[5] Dieser Schritt findet seine Berechtigung nicht nur in der notwendigen Wahrhaftigkeit der zwischenmenschlichen Beziehungen, sondern auch in der Struktur unseres zentralen Computers, des Gehirns. Aber bevor wir uns diesem Gesichtspunkt zuwenden, möchte ich auf Muriel Saville Troika[6] von der Universität Illinois verweisen, die ein Schema der verschiedenen Dimensionen des Schweigens erstellt hat. Dieses Schema ist ihrer Meinung nach keinesfalls erschöpfend und auch nicht endgültig, sondern soll eher als eine Anregung verstanden werden. Ich habe es von ihr übernommen und möchte seine Grundzüge aufzeigen. Muriel Saville Troika nimmt eine Unterscheidung in drei Hauptgruppen vor:

A. Institutionelles Schweigen

1. Schweigen in Räumen: in Bibliotheken, Kirchen, Tempeln ...

2. Schweigen als Ritual: im Gottesdienst, bei Gerichtsverfahren, bei Begräbnissen, im Unterricht, bei öffentlichen Veranstaltungen (Theater, Kino ...)

3. Freiwilliges Schweigen: Menschen, die ein Schweigegelübde abgelegt haben, Mönche ...

4. Hierarchisch und strukturell bedingtes Schweigen: zum Beispiel in der Beziehung zwischen Arbeitgeber und Arbeitnehmer, Autorität gegenüber Gehorsam

5. Schweigen als Tabu: in den Fällen, in denen freie Kommunikation eingeschränkt wird: Gefangene ...

B. Das Schweigen von Gruppen

1. Situationsbedingtes Schweigen: ein beauftragter Diskussionsleiter erteilt auf irgendeiner Veranstaltung das Wort.

2. Genormtes Schweigen: das Wort wird der Reihe nach den Mitgliedern einer Gruppe erteilt: Schülern, Studenten ... bei besonderen Unterredungen, Examina, etc.

3. Symbolisches Schweigen: in jedem beliebigen Kommunikationsprozeß »weist jede Sprache eine andere Gleichung aus Äußerung und Schweigen auf. Jeder Mensch läßt Dinge ungesagt, um dafür andere sagen zu können ...« (José Ortega y Gasset).

C. Individuelles Schweigen (zwei Untergruppen)

1. Interaktives Schweigen

a) Schweigen im soziologischen Kontext: bezüglich des Zuhörens, der Untertänigkeit, der gesellschaftlichen Kontrolle und des Managements, des taktischen oder gefühlsmäßigen Verhaltens: Zorn, Verachtung, Traurigkeit, Gleichgültigkeit, Entfremdung, Zweifel, Verstellung, Mystifizierung, aber auch Achtung, Liebe, Gemeinschaft und jegliches wortlose Teilen von Gefühlen

b) Schweigen im linguistischen Kontext: Verneinung, Ablehnung, Zustimmung, Bejahung, didaktisch, elliptisch ...

c) Schweigen im psychologischen Kontext: Schweigen des Phantasierens, der Nachdenklichkeit, aber auch

Schweigen aus Furcht, Scham, Angst, Verzweiflung und ...
neurotisches Schweigen

2. Nicht interaktives Schweigen
   a) kontemplatives, meditatives Schweigen
   b) Inaktives Schweigen

Dieses Schema bringt auf jeden Fall zum Ausdruck, daß das Schweigen ebenso wie das Sprechen nicht auf eine einfache Kommunikationseinheit beschränkt werden kann, daß es sich vielmehr aus komplexen Strukturen, Dimensionen und Werten zusammensetzt.

Man kann das Schweigen nicht in eine Definition hineinzwängen, man kann es nicht umgrenzen. Eigentlich sind die Begriffe der Stille und des Schweigens unfaßbar, ihre Erscheinungsformen sind allzu vielfältig. Darin sind sie auch wesensgleich mit dem Absoluten, das wir in uns selbst tragen: Es ist vor uns, in uns, um uns. Immer anderswo, immer weiter entfernt gelegen.

Der Spiegel der Seele

Jemand setzt sich zur Aufgabe, die Welt abzuzeichnen. Im Laufe der Jahre bevölkert er einen Raum mit Bildern von Provinzen, Königreichen, Gebirgen, Buchten, Schiffen, Inseln, Fischen, Behausungen, Werkzeugen, Gestirnen, Pferden und Personen. Kurz bevor er stirbt, entdeckt er, daß dieses geduldige Labyrinth aus Linien das Bild seines eigenen Gesichts wiedergibt.

Jorge Luis Borges
El Hacedor

Beschäftigen wir uns ein wenig mit der Biologie: Um richtig zu funktionieren, muß es unserem Körper gelingen, die Austauschvorgänge der fünf Hauptbereiche des Gehirns zu harmonisieren. Da wäre zunächst der *Neocortex* zu nennen, Sitz der Intelligenz und der Wahrnehmungsfähigkeit, der Überlegung und des Befehls, der Empfindungen und der Voraussicht. Die stirnwärts gelegenen Gehirnlappen entsprechen unseren spezifischen, für unsere Bewegung notwendigen Bedürfnissen. Er kontrolliert den *Paleocortex.* Dieser ältere Gehirnteil, den Henri Laborit unser »Reptilgehirn« nennt, ist Sitz der Instinkte und emotionellen Erregungen. Alle für den Menschen fundamentalen Bedürfnisse, also nahrungsbezogene, sexuelle und sinnliche, aber auch das Elementarwissen um Angst, Wut, Lust und Unlust befinden sich in ihm. Er bestimmt den *Diencephalon,* in dem Thalamus, Hypothalamus, Hypophyse und retikulare Funktion in Aktion treten. Sie bilden die Zentren des autonomen und des endokrinen Nervensystems. Dieser primäre Gehirnteil regelt die gesamten inneren Vorgänge der Atmung, des Kreislaufs, der Muskelarbeit, des Drüsen- und Hormonsystems, etc. Er steht demnach am Ursprung aller Immun-, Assimilitations- und Vitalsysteme.

Diesen drei wesentlichen Bestandteilen des Gehirns können wir noch folgende beiden hinzufügen: die *linke Großhirnhälfte,* in der die verbalen und analytischen Funktionen sitzen, und die *rechte Großhirnhälfte*[1], in der sich die Reaktion des Unbewußten und die sogenannten nichtverbalen Funktionen ansiedeln. Der linke Teil des Großhirns ist für unser soziales Verhalten verantwortlich: Es steht für das gesprochene Wort. Der rechte Teil ist für unser naturgegebenes Erbe zuständig: Es steht für das Schweigen.

Die gesamte heutige Forschung, und insbesondere die von Professor Ikemis Team in Japan betriebene, weist die absolute Notwendigkeit eines harmonischen Zusammenwirkens zwischen all diesen Bereichen und Zervikalzonen nach. Nun herrscht aber beim modernen Homo sapiens die Aktivität des Neocortex wie auch die der linken Großhirnhälfte eindeutig vor. Mit anderen Worten, die Signale des Instinkts, des intuitiven und emotionalen Lebens werden durch die intellektuellen und überaktiven Elemente unseres Ichs unterdrückt und verdrängt. Daraus entsteht dann innerer Gleichgewichtsverlust und Streß. Durch das Geräusch, ich sollte besser sagen das Tohuwabohu, das unsere vordere, linke Gehirnhälft verursacht, ist es uns nicht mehr möglich, auf die uns angeborene Weisheit zu hören, die von der rechten Gehirnhälfte zu uns dringen will. Das scheint fast zu simpel, und dennoch ... Bei einem Gespräch über das, was wohl eine ideale, menschliche Entität sein könnte, sagte mir eines Tages ein weiser, siebzigjähriger Einsiedler: »Das ist so einfach, daß man es völlig übersieht.«

Selbstverständlich wäre auch die völlige Verkehrung dieser Entwicklung nicht wünschenswert: Wenn die instinktiven Kräfte des natürlichen Lebens überwiegen würden, würden wir wieder zum prähistorischen Homo erectus zurückkehren. Dank der enormen Entwicklung der vorderen, linken Gehirnhälfte haben wir das Paläolithikum verlassen. Doch dieser Evolutionsprozeß ist in einem Maße ins Irrationale abgeglitten, daß unser eigenes Denken heutzutage das Menschengeschlecht ins Verderben stürzen kann.

Läßt man dem Imaginären freien Lauf, so verliert man den Kontakt mit der eigentlichen Realität. Der Intellekt, der nicht mehr phasengleich mit der Intuition funktioniert, das Denken, das sich vom Körper und somit von seinen Grundlagen ablöst, und der Begriff, der von seiner Begrifflichkeit nichts mehr weiß, sie schaffen eine verblendete Ratio, einen Diskurs, der sich nicht mehr unter Kontrolle hat, eine Folge von Handlungen, die sich gegenseitig nicht mehr berücksichtigen und die nichts mehr miteinander zu tun haben.

Kurz vor seinem Tod sagte André Malraux[2]: »Wir sind die erste Zivilisation, die den Sinn des Lebens nicht mehr kennt; wir leben in einer Zivilisation, die auf die Frage ›Was tun die Leute hier auf Erden?‹ entgegnet ›Ich weiß es nicht.‹ Das hat es noch nie gegeben ...« Darauf könnte man antworten, daß es unser entscheidendes Ziel sein muß, die Welt und die Menschheit zu retten. Dafür zu sorgen, daß sich nicht eine mondgleiche Stille über diese Erde legt.

Dieses mangelnde Gleichgewicht zwischen linkem und rechtem, vorderem und hinterem Bereich, dieser Konflikt zwischen den Botschaften des natürlichen Schweigens und jenen sie überlagernden des sozialen Sprechaktes, das sind die Wurzeln von Geisteskrankheiten wie auch jeder psychosomatischen Anfälligkeit. Wir haben es mit einem inneren wie auch äußeren Kommunikationsproblem des Menschen zu tun.

Einem Problem, das bereits in der Kindheit beginnt, wie es

Bruno Bettelheim in seinen Untersuchungen über autistische Kinder aufzeigt. Erstarrt in ihrem hartnäckigen Schweigen und ihrer phantasmatischen Welt, verschließen sich diese Kinder in ihrer »leeren Festung«. Und die schrecklichen Beispiele, die er uns dazu nennt, sind in ihrem Grundschema bei allen scheinbar normalen Menschen vorhanden[3]: »Je mehr die Kommunikation gehemmt und je größer die Kontaktarmut ist, desto mehr muß die betroffene Person auf ihre innere Erfahrung zurückgreifen, um die Wirklichkeit interpretieren zu können. Und als wäre das nicht schon schädlich genug: Je weniger Berührungspunkte es mit der Wirklichkeit gibt, desto weniger kann dieser Mensch seine innere Erfahrung mit etwas konfrontieren, was ihm ein ausgewogenes Urteil erlauben würde. Je öfter dies also vorkommt, um so höher ist auch die Wahrscheinlichkeit, daß er die äußeren Signale falsch und die inneren solipsistisch auslegen wird. Wenn die Kommunikation völlig aufgegeben wird oder nie hergestellt wurde, besitzt der Betroffene, abgesehen von seiner inneren Erfahrung, nichts, um sie zu lenken, nichts, worauf er sein Urteil stützen könnte. Auf den ersten Blick könnte man meinen, daß die eigene, innere Persönlichkeitsentfaltung dadurch gewinnt. Doch weit gefehlt: Ein Innenleben bleibt chaotisch, wenn es nicht durch eine Erfahrung mit der Außenwelt bestätigt und dieser Bestätigung entsprechend ausgerichtet wird. Je mehr wir also ausschließlich unserem Innenleben Beachtung schenken, desto chaotischer wird dieses Innenleben sein.« Diesen Satz können wir natürlich umkehren und feststellen, das dieselben schweren, inneren Schäden auftreten, wenn wir die Signale des Ichs vergessen und verdrängen, um den äußeren Erfahrungen den Vorzug zu geben.

In diesem Zusammenhang liegt die Frage nach dem ständig wachsenden Drogenkonsum auf der Hand. Die Droge verschafft den Menschen für kurze Zeit Zugang zu einer *anderen Dimension des Ichs.* Das gilt ebenso für die verschiedenen weichen Drogen, zu denen Tranquilizer und Antidepressiva zu rechnen sind, die in der ganzen »zivilisierten« Welt in unaufhörlich steigendem Maße konsumiert werden, wie auch für die harten Drogen, deren Verbrauch derselben exponentiellen Wachstumskurve folgt. Sie alle ermöglichen in unterschiedlichem Maße dem zerrissenen Menschen, vorübergehend seine Mitte zu finden, sie gönnen ihm eine Atempause im gigantischen seelischen Karnevalszug, einen Augenblick der Stille im wild gewordenen Geschwätz des Bewußtseins, das durch die Kommunikationslosigkeit zwischen Traum und Wirklichkeit und durch die nicht mehr erfolgte schöpferische Synthese beider in Stücke gerissen, in unsinnige Splitter ausgefranst wird, Sprachfetzen stammelt oder um eine fixe Idee, gleich einer verkratzten Schallplatte, kreist.

Doch diese chemischen Wundermittel beruhigen zwar das seelische Durcheinander, sie halten das scheuende Pferd im Zaum, aber Heilung bringen sie nicht: Es sind Notbehelfe und keine Allheilmittel. Flucht, aber keine Lösung.

Die Drogen sind Träger einer künstlichen Information, die eigentlich auf natürlichem Weg vom Körper ausgelöst werden müßte. So hat man festgestellt, daß sich während einer Meditation Endorphine im Gehirn entwickeln; der Organismus sondert also seine eigenen Beruhigungsmittel ab, ohne erst auf unterstützende Substanzen wie Alkohol, Tabletten oder Schlimmeres zurückgreifen zu müssen. Wie wirkt sich Heroin auf einen Menschen aus, der aus seinem inneren Gleichgewicht geraten ist? Es verhilft ihm, dem Zerrissenen, zu einem neuen Gleichgewicht, es gibt ihm für einen kurzen Augenblick seine innere Harmonie wieder. Und die Wirkung der Tranquilizer, die von einem guten Drittel der Bevölkerung benutzt werden, ist nicht anders: Es sind künstliche Hersteller einer inneren Ruhe, einer Scheinstille, die das Getöse im betreffenden Menschen erstickt und ihn für kurze Zeit betäubt. Dann aber kehrt das Gebrüll zurück, die Angst, die zeitweilig zugedeckt worden war. Und sie wird noch stärker sein als zuvor...

Psychische Störungen und Wahnsinn sind innerer Lärm. Gleichgewicht und Frieden sind Stille, innere Ruhezustände.

Aber wenn auch die Entdeckung des Wundermittels gegen die Störungen der Persönlichkeit noch lange nicht in Sicht ist, so steckt es doch bereits in einem jeden von uns, in dieser inneren Ruhe, die es wiederzufinden gilt, in diesem Zusammenspiel der verschiedenen Kreisläufe unseres Gehirns, jenes genialen Computers, dessen man sich so schlecht zu bedienen weiß.

Was also ist zu tun? Spaziergänge, Wanderungen in die Natur hinaus, Sport, sofern er im Sinne des Erwachens betrieben wird, Yoga und Meditation sind die ersten Schritte zur Reintegration des Menschen in sich selbst[4]: Sie führen sofort wahrnehmbare Resultate herbei, eine spürbare Erfahrung der Wirklichkeit, eine natürliche Begegnung mit allem

Jenseitigen in uns, das wir aus Überreiztheit oder Apathie und zu unserem größten Schaden zu beobachten, zu »besichtigen« vergessen.

Ja, die Welt *ist* zuvor, aber auch unsere Art und Weise, sie zu betrachten, wirkt sich auf ihr Sein aus, bestimmt es.

Ein Lehrer, dessen Bekanntschaft ich bei Freunden machte, zeigte sich überrascht, feststellen zu müssen, daß seine Schüler im Gymnasium die beiden prachtvollen hundertjährigen Bäume in ihrem Schulhof nicht bemerkten. Hatte man sie überhaupt je gelehrt, sie zu sehen? Was hatte man getan, um ihren Blick zu schulen? Darüber hinaus erzählte er mir, daß der Großteil seiner Schüler nicht ohne eine gewisse Geräuschkulisse lernen kann: Stille in der Klasse stört sie, ja macht sie sogar nervös. Sie leben in einer Welt, in der das akustische Element geradezu verherrlicht wird. Wie sollen sie da vom Wert der Stille wissen? Wie sollen sie sich konzentrieren (sich also mit etwas zentrieren) können und eine ihnen unbekannte Haltung annehmen, die ihnen als solche Angst macht? Die Stille muß bereits von Kindheit an entdeckt werden, und meiner Meinung nach könnte man in der Schule und auch schon im Kindergarten *Stille spielen* lernen.

Zahlreiche Lehrer sagen, Kinder seien nicht mehr fähig zuzuhören. Das eine hat mit dem anderen zu tun. Durch intensive Arbeit an diesen schlecht genutzten Bereichen des Gehirns und der nichtverbalen Zone können die Probleme hinsichtlich der Aufmerksamkeit, des Denkens und der ganz allgemeinen Weiterentwicklung der Persönlichkeit gelöst werden.

Eine alte orientalische Lebensweisheit sagt, daß in ein volles Gefäß nichts mehr hineinpaßt. Man muß es erst ausleeren, bevor man es wieder mit etwas anderem füllen kann. Ebenso müssen das Wissen und die Fülle der Informationen vom gesamten Organismus unaufhörlich verdaut und integriert werden. Das stimmt mit Montaignes Meinung über den wohlgeratenen Kopf, der einem reichlich gefüllten Kopf vorzuziehen sei, überein. Wir alle wissen, daß unsere Reaktionsfähigkeit und unsere Kreativität vermindert sind, wenn es uns nicht gelingt, unsere Sorgen und Probleme zu vergessen. Und dies ist ohne eine Rückkehr zur körperlichen Stille mit Hilfe irgendwelcher physischer Übungen nicht möglich. Dr. Alexander Lowen[5] ist einer der führenden Köpfe jener Bewegung, die anfangs in den USA, später auch in Frankreich und anderen Ländern versucht hat, die Psychoanalyse in neue Bahnen zu lenken und sie so aus ihrer Festgefahrenheit zu befreien. Beim Tee fragte ich ihn einmal: »Wenn man Sie bitten würde, eine Technik des Wohlbefindens zu nennen, einen schlichten und für jedermann anwendbaren Rat abzugeben, was würden Sie dann sagen?«

»In erster Linie muß man sich seines Körpers bewußt werden. Man muß sich die Frage stellen: Atme ich, fühle ich meine Füße auf dem Boden unter mir? Fühle ich meine Spannungszustände? Zweitens ist es wichtig, daß man sich in der aufrechten Haltung ständig der Beweglichkeit des Körpers bewußt bleibt. Sonst versteift er sich. Man muß wissen, daß der Wert des Lebens in der körperlichen Lust und Freude liegt. Wenn Sie diesen Wert anderswo suchen, werden Sie über kurz oder lang immer in der Depression enden. Wenn Sie glauben, Ihren gesellschaftlichen Erfolg erreicht zu haben, der Körper aber keinen Erfolg erzielt hat, werden Sie zu einem zweiten, dann dritten Erfolgserlebnis gezwungen sein, und das nimmt dann kein Ende mehr.

Die Wirklichkeit hat also gewissermaßen zwei Seiten. Die eine ist die Wirklichkeit des Körpers und seiner Empfindungen. Die andere ist die der Umwelt. Jede Verzerrung unserer inneren Wahrnehmung erzeugt eine entsprechende Verzerrung unserer äußeren Wahrnehmung, da wir die Welt über unseren Körper erfassen. Ein neurotischer oder deprimierter Mensch hat die Verbindung zu diesen beiden Wirklichkeitsaspekten verloren, weil er auch den Kontakt zu seinem Körper verloren hat...

Das menschliche Dasein ist eine einzige Fülle von scheinbaren Widersprüchen, die sich im kreativen Prozeß des Lebens spontan auflösen. Jeder Mensch ist zugleich Tier und Kulturträger. Wenn diese beiden entgegengesetzten Kräfte in seiner Persönlichkeit miteinander verschmelzen, wird er zum Kulturtier. Diese Verschmelzung findet aber nicht statt, wenn der Akkumulationsprozeß die animalische Natur des Individuums zu verändern und zu kontrollieren versucht. Gelingt die totale Kontrolle jedoch, so wird der Mensch zum Haustier, dessen schöpferisches Potential zu Produktionszwecken umgewandelt wurde... In Wirklichkeit kann der Domestizierungsprozeß nicht vollends durchgeführt werden. Unter dem Anschein von Fügsamkeit im Verhalten begegnet man immer einem Rest von Mißtrauen und Aufbegehren, verbunden mit feindlichen und abweisenden Gefühlen. Weder Unterwürfigkeit noch Aufbegehren sind kreative Haltungen, und in keinem der beiden Fälle akzeptiert sich das Individuum selbst. Bei einem kreativen Individuum nun gibt es keine Trennung zwischen Kind und Erwachsenem, zwischen Gefühl und Geist, zwischen Ich und Körper. Unsere Therapie sucht in jedem Wesen die naturgegebene Weisheit seines Körpers und seines schöpferischen Potentials, mit anderen Worten also das Leben wiederzuentdekken.«

Während eines unserer Gepräche erwähnte der Biologe Henri Laborit einmal folgendes grundlegendes Gesetz: »Damit eine gegebene Gesamtheit, auf welchem Organisationsniveau auch immer, zu ihrem Überleben bestmöglich funktionieren kann, muß die Finalität eines jeden Bestandteils mit der der Gesamtheit genau übereinstimmen.« Andernfalls stellt sich Gleichgewichtsverlust und somit Krankheit ein.

Eine neue Bewußtseinspsychologie ist derzeit im Entstehen begriffen. Man bezeichnet sie als transpersonelle Psychologie. Hier die beste Definition, die bisher formuliert wurde[6]:

»Ziel der *transpersonellen Psychologie* ist die Ausdehnung des psychologischen Untersuchungsfeldes, um auch die Untersuchung des Optimalzustandes der psychischen Gesundheit und des seelischen Wohlbefindens miteinzubeziehen. Sie erkennt die Potentialität einer weitgefächerten Erfahrung von Bewußtseinszuständen an, von denen manche zu einer Identitätserweiterung über die gewohnten Grenzen des Ego und der Persönlichkeit hinausführen können. Neben den üblichen Bereichen und Zielsetzungen strebt die *transpersonelle Psychotherapie* eine Erleichterung für Wachstum und Bewußtsein an, über die allgemein anerkannten Gesundheitsniveaus hinaus. Sie bestätigt die

Bedeutung der Bewußtseinsänderung und die Gültigkeit transzendenter Erfahrung und Identität.«

Was soll dann aus den klassischen Couch-Psychoanalytikern werden, die zwar noch nicht im Aussterben begriffen sind, deren Erfolg aber stark schwindet? Einer von ihnen gestand mir: »War die übliche Behandlung abgeschlossen und die Interpretation mehr oder weniger klar erfolgt, so entließ man den Patienten, ohne ihm Waffen zu seiner Selbstverteidigung mit auf den Lebensweg zu geben, der ja für ihn nicht beendet war und bei dessen Bewältigung wir ihm zu helfen versucht hatten; und das, obwohl doch manche Körper- und Atemtechniken von unvergleichlich wohltuender Wirkung und oft tausendmal mehr wert sind als das ganze Gerede um Ödipus und Übertragung ...«

Aber welches die unzähligen Methoden auch immer sein mögen, die heutzutage angewandt werden, um jemanden nach Möglichkeit aus seiner Entkräftung herauszuführen, um ihm bei der Suche nach jener »Straße, die aus uns herausführt, der einzigen, der wir folgen können«, wie Jules Supervielle es ausdrückt, zu helfen – sämtliche Psychoanalytiker wenden, gleichgültig, welcher Schule sie angehören, das aktive Schweigen in der Behandlung an. So sagt zum Beispiel Dr. Jean-Pierre Schnetzler: »Von der *Qualität* des analytischen Schweigens hängt seine integrierende Kraft ab. In dem Maße, wie dieses Schweigen alles ungestört einhüllt, auf- und auch annimmt, kann es dem Therapeuten die Fähigkeit verleihen, konfliktgeladene Gegensätze zu akzeptieren und deren Auflösung in Ruhe und Frieden jenseits des Verstandes abzuwarten. Denn Ruhe und Frieden stellen sich jenseits der Konfrontation ein, die dem dualistischen Geist innewohnen und die beim Kranken schlichtweg überstei-gert sind.«[7]

Daher soll das Zuhören des Analytikers »wohlwollend« (Zeligs), von »bedingungsloser Güte« (Nacht) geprägt sein, um einen Zustand innerer Ruhe, wenn nicht gar einer harmonischen, verschmelzenden Einigkeit zu begünstigen. S. Nacht betont im übrigen, daß ihn seine Erfahrung lehrt, daß »tatsächlich von Unbewußtem zu Unbewußtem, und zwar in beiden Richtungen, eine Form der Kommunikation besteht.«[8] Und Schnetzler meint: »Die wesentliche Tugend des analytischen Schweigens liegt zweifellos darin, daß der Analysierende die Möglichkeit hat, das Wort zu ergreifen. Zunächst, weil es physisch möglich ist, dann noch, weil das gewahrte Schweigen ein ständiger Anreiz dazu ist. Wir wollen uns darauf beschränken zu betonen, wie wichtig es ist, daß das Schweigen des Analytikers exakt so geartet ist und nicht zu einer trägen, mürrischen, abweisenden oder dösenden Abwesenheit wird. Denn in diesem Falle wird die Behandlung im Mißerfolg enden. Hier muß nun klargestellt werden, daß der Patient durch Beobachtung winziger Einzelheiten, die seiner wachsamen Aufmerksamkeit nicht entgehen, mit einer gewissen Genauigkeit die geistige Verfassung seines Analytikers zu diagnostizieren vermag. Doch man muß auch einem parapsychologischen Phänomen einen Platz einräumen, das S. Nacht zu erwähnen gewagt hat und dem bereits mehrere Kollegen, so auch wir selbst, begegnet sind: die direkte Wahrnehmung des Unbewußten.«

So betrachtet ist das Schweigen sehr wohl ein Integrationsfaktor: Osmose zwischen Zuhören und Reden.

In erster Linie muß der Psychoanalytiker lernen zu schweigen. »Geduld, Geduld, jedes winzigste Schweigen gibt der Frucht die Chance zu reifen«, sagte Jean-Luc Donnet, indem er Valéry als Motto für eine Diskussion unter Psychoanalytikern zitiert. An dieser Diskussion über die zeitliche Dimension des Schweigens nimmt auch Serge Viderman teil[9], und er antwortet: »Das Schweigen des Analytikers ist nur der andere Aspekt des Interpretationsproblems. Vorder- und Kehrseite ein und desselben Gegenstands, identisch in ihrer Struktur, unterschiedlich durch ihr Engramm, ähnlich in ihrem Wert. *Nichts* sagen, das bedeutet nicht nichts *sagen,* sondern vielmehr etwas anderes sagen, etwas ganz anderes und auf andere Weise. Schweigen wirkt nur auf den ersten Blick negativ. Reden muß nicht unbedingt etwas Positives sein. Ist von Schweigen die Rede, so auch immer gleich von Interpretation. Schweigen und Interpretation gehören nicht zwei heterogenen Feldern an. Es besteht strukturelle Homologie, die bewirkt, daß die beiden ineinander übergehen. Man findet Interpretation im Schweigen und umgekehrt.«

Schweigen der Bedeutung.

Wir müssen uns darüber im klaren sein, daß viele introvertierte Menschen zu lange schon verstummt sind, daß ihr Schweigen ständige Verdrängung verbirgt, daß sie es dringend nötig haben, ihr *Ich* zu äußern und daß sie hierfür aufnahmebereites, aufmerksames Schweigen brauchen. Dann werden sie sich auf der Basis ihres eigenen Zuhörens, also ihres eigenen Schweigens, neu strukturieren können. Dieses Schweigen aber muß in einem funktionstüchtigen Körper wurzeln, und dazu sind gezielte Übungen notwendig. Auch die extravertierten Personen werden es nötig haben, zu innerer Bewegungslosigkeit zu finden: Ohne körperliche Übungen, die sie zwingen, zur Ruhe zu kommen, in ihrer wahnwitzig gewordenen Bewegung innezuhalten, wird ihnen das nicht gelingen.

Verschiedene amerikanische Untersuchungen beweisen, daß Jogger, die sich eine gewisse Atemtechnik angeeignet haben, häufig einen inneren Zustand erreichen, der dem der Meditation sehr ähnlich ist. Die großen Tennisspieler behaupten, in neue Zeitdimensionen einzutreten. Und man kann diese Frage jedem beliebigen Sportler stellen, in dessen Disziplin es auf Ausdauer ankommt, er wird mit seinen eigenen Worten von diesem verschmelzungsgleichen Schweigen sprechen, das ihn jenseits der körperlichen Anstrengung und jenseits der Schwelle erfüllt, wo neue Energie denjenigen durchströmt, der sich neue Grenzen zu erkämpfen wußte.

Ebenso weisen elektro-enzephalographische Untersuchungen bei einer Person in Meditationshaltung, beispielsweise in Zazen-Haltung, Alpha- und Thetawellen nach. Diese Wellen, die für gewöhnlich nur beim Einschlafen und während des Schlafes festzustellen sind, treten hier nun in dieser unbeweglichen Haltung, während des Wachzustandes, in Erscheinung. »Daraus folgt«, so Professor Ikemi, »daß man Zazen als beruhigend für das Treiben im Gehirn beschreiben kann, während die eigentliche Gehirnaktivität indessen auf einem angemessenen Niveau beibehalten wird. Und wer sich darin übt, längere Zeit, wie im Zazen, in unbeweglicher Haltung zu verweilen, kann erheblich dazu beitragen, sich im täglichen Leben eine stabile Gemütsverfassung zu bewahren.«[10]

Es gibt also verschiedene Möglichkeiten, zu innerer Stille, das heißt heiterer Ausgeglichenheit und seelischer Ruhe zu gelangen. In einem solchen Zustand fällt es uns leichter, die üblichen Streßsituationen anzugehen und auf die verschiedenen Reize richtig zu reagieren. Was geschieht übrigens, wenn beispielsweise akustische Reize während eines meditativen Zustands auftauchen? Professor Ikemi meint dazu: »Was sich hier ereignet, scheint bezeichnend für den Verlauf der Gehirnströme während des Zazen zu sein. Wenn visuelle oder auch andere Reize in Erscheinung treten, verschwinden die Alpha-Wellen, werden von kurzen, schnellen Rhythmen ersetzt und tauchen rasch wieder auf. Je länger die Alpha-Rhythmen brauchen, um wieder zu erscheinen, um so dauerhafter ist der Einfluß des Reizes. Je schneller sie wieder da sind, um so kürzer der Einfluß.

Bei einem Vergleich zwischen einer in Meditationsübungen routinierten Person und einem Anfänger ergibt sich, daß unter dem Einfluß eines auditiven Reizes beim Anfänger eine länger andauernde Wirkung zu beobachten ist und daß, sofern letzterer einem wiederholten Reiz ausgesetzt ist, die Alpha-Rhythmen oft gar nicht mehr auftauchen. Bei dem Geübten hingegen dauert die Unterbrechung der Alpha-Rhythmen nur zwei bis drei Sekunden, selbst bei wiederholtem Reiz.«

Der Zen-Mönch, der sich diesem Experiment unterzog, machte folgende interessante Bemerkung: »Jeden Ton hörte ich ganz deutlich, vielleicht sogar noch präziser als sonst. Aber ich achtete nicht darauf, ähnlich, wie wenn man auf der Straße geht und jede Person, der man begegnet, zwar sieht, aber, sofern man nicht gerade jemanden erkennt, kein besonderes Gefühl dabei empfindet.«

Im Kongo Hannyakyo, einem alten Text des Buddhismus, kann man analoge und vom selben Geisteszustand zeugende Bemerkungen finden. Ihre Aussage läßt sich etwa folgendermaßen zusammenfassen: Solange er lebt, erfüllt jeder Mensch seine ihm eigene Aufgabe und muß sich in Zusammenhang sehen mit den anderen Menschen und den äußeren Gegenständen. Wenn er sich aber an diese Gegenstände bindet, verliert er sein *Ich* und scheitert in seinem Unterfangen. Der Mensch muß leben, ohne sich an die einzelnen Gegenstände zu klammern.

Und so gelangen wir zu einer neuen Prämisse:

Inneres Schweigen = besseres Hören = wirksames Verhalten.

Wenn das Ohr entgleist, tut die Psyche dasselbe. Dies ist kein Scherz, sondern eine klinische, von zahlreichen Forschern bestätigte Tatsache. Eine therapeutische Wissenschaft ist entstanden, basierend auf dem Zuhören, also auf dem hierfür notwendigen Schweigen. Guy Bérard drückt sich folgendermaßen aus: »Unserer Meinung nach ist es das *veränderte Hören, das unmittelbar zur Veränderung des Wesens führt,* da der Wegfall von 1–8 oder 2–8 [audiometrische Kurven] auf der linken Seite immer und sehr rasch das Verschwinden des depressiven oder selbstzerstörerischen Syndroms bewirkt, obwohl alle übrigen sozialen und somatischen Koordinaten gleichgeblieben sind. Und noch ein Baustein läßt sich unserem Gebäude hinzufügen: im Laufe von Behandlungen gewöhnlicher Gehörschwierigkeiten be-

richten die betroffenen Kranken uns gelegentlich von einem Übergang in eine unangenehme und zuvor nie gekannte ›Gemütsverfassung‹. Die audiometrische Untersuchung zeigt dann, daß die jeweiligen Personen zeitweise besser hören und daß die ›traumatisierenden‹ Frequenzen ein höheres Niveau erreicht haben, als bei den anderen.«[11]
Dr. Tomatis – der Wegbereiter der Methode des *elektronischen Ohrs,* eines Gerätes, mit dessen Hilfe man eine Konditionierung schaffen kann, die das Ohr dazu zwingt, seine eigentliche Hörbereitschaftshaltung einzunehmen – hat festgestellt, daß zahlreiche schulische Probleme bei Kindern häufig nur die Folge von erheblichen Gehörmängeln sind, und rät zu folgender Therapie: »Wünschenswert wäre, daß man künftig besser über diesen Mangel aufgeklärt ist, daß man ihn beim Kind zu erforschen weiß und ihn nicht erst im Laufe der Schulzeit, sondern besser vorher schon, im Vorschulalter also, ausfindig machen kann; die Vorschule oder der Kindergarten scheinen mir der geeignete Ort zu sein, um Gehörprobleme festzustellen und die nötige Korrektur vorzunehmen. Jedes Kind, das schlecht oder gar nicht spricht, das Mühe hat, sich auszudrücken, das Lateralitätsstörungen erkennen läßt, das zerstreut und gedankenverloren wirkt, das sich auf nichts konzentrieren kann oder Schwächen im Zeit- und Raumgefühl aufweist, müßte als Problemfall erkannt werden, noch bevor die Probleme mit dem Schreiben auftauchen. Alle Anzeichen für ›Legasthenie‹ sind bereits vorhanden, und die Möglichkeit, dies zu überprüfen, ergibt sich, wie ja ersichtlich geworden ist, keineswegs erst im Zusammenhang mit dem Lesen.«[12]

Hören und Bewußtsein gehen Hand in Hand. Also gibt es Wege, um sie zu erziehen.

Während eines Kolloquiums über die »therapeutische Nutzung der Laute« an der medizinischen Fakultät in Montpellier im Juni 1983 äußerte sich der Krankenhauspsychiater Dr. Mouret folgendermaßen: »Es gibt nichts im Geist, was nicht zuvor die Sinne durchlaufen hätte, sagte schon Aristoteles. Man stellt sich im allgemeinen das Ohr als Mikrophon vor. In Wirklichkeit aber hat das Ohr eine Psyche. Die Integration findet nur dann statt, wenn der Patient hören will. Hören bedeutet, die Botschaft hinzunehmen, die an Sie gerichtet ist. Zuhören bedeutet, diese Botschaft erfassen zu wollen. Es handelt sich hier um zwei ganz verschiedene Haltungen.

Das Ohr besitzt zwei kleine Muskeln, von denen nur selten die Rede ist. Es sind Akkommodationsmuskeln, die der Mensch einsetzt, wenn er mit seiner Umwelt in Kommunikation treten will. Der psychologische Faktor ist dabei entscheidend. Wenn ein Mensch mit einem Laut konfrontiert wird, ist die Frage einzig die, ob er diesen Laut anzunehmen oder ihn abzuweisen wünscht, ob er das Ohr spitzt oder es nachlässig wieder zu lockern sucht.

Nehmen wir den Fall eines kleinen Kindes. Man stelle sich vor, ein Gefühlsschock ereignet sich und die Welt ist plötzlich voll Schmerz und Leid. Das Ohr wird eine Abwehrfunktion einnehmen: nicht mehr zuhören, eine einfache Verteidigung! Und schnell reißt die Gewohnheit ein, abzuschalten, um die Stimme von Mutter oder Vater auf Distanz zu halten. Wie viele Eltern glauben, Autorität auf ein Ohr auszuüben, zu dem sie jedoch kaum durchdringen und das ihnen längst schon nicht mehr zuhört! Unglücklicherweise verlieren die Ohrmuskeln, ähnlich wie ein in Gips gelegtes Bein, das verkümmert und der Wiederherstellung seiner Bewegungsfähigkeit bedarf, an Tonus, wenn sie zu oft und zu lange in Ruhestellung gelassen werden, und nur durch intensive Bemühungen kann man sie wieder anpassen. Es wird heißen, es sei unmöglich, die Aufmerksamkeit des Kindes zu fesseln, das Kind sei geistesabwesend, es habe kein Interesse an seiner Arbeit, es sei in seine Träume verloren oder aber es tobe herum und sei unausstehlich: dann nämlich, wenn man ihm nicht zuhört. Und wenn das Kind selbst zuhören will, muß es große Anstrengungen aufbringen. Von Zeit zu Zeit oder wenn sich die Unterhaltung gerade im Bereich seiner Interessen oder Träumereien bewegt, wird es das auch tun, doch es wird nicht mehr spontan (wie beim Atmen) und über längere Zeit dazu fähig sein, und so wird man sagen, das Kind sei faul ...«

So wie sich jede Zelle im Verlauf der Austauschvorgänge mit ihrer Umgebung ohne Unterlaß zusammenzieht und wieder erweitert, so durchläuft auch das Ohr mit seiner Bereitschaft zu hören Phasen der Öffnung und des Zusammenziehens. Diese wirken sich aus auf die Stimmdynamik, auf den sprachlichen Ausdruck und natürlich auch auf die Psyche und die körperlichen Reaktionen, die ihre Grundlagen bilden.

Eine alte Volksweisheit sagt: Musik beruhigt die Lebensweise. Mit ihr öffnet sich uns eine neue Tür, denn die Musik spielt mit der Stille.

Die achte Note

Das Wunderbare an Mozarts Musik ist, daß auch die Stille, die folgt, eine Mozartsche Stille ist.

SACHA GUITRY

Die Musik – die Kunst der Musen – kann verstanden werden als die Kunst, Töne über einem Gerüst von Stille und nach geographisch und zeitlich variierenden Regeln miteinander zu verbinden, als eine Methode, mit Klangelementen Dauer herzustellen und den Raum zu füllen, oder auch als die Kunst, untereinander harmonische Geräusche zu schaffen.

Für Nietzsche ist die Musik Ausdruck der Wahrheit, für Freud ein zu entziffernder Text, für Marx ein Spiegel der Wirklichkeit und für Jacques Attali, Autor eines Aufsatzes über Geräusche[1], stellt sie »das Klangspektrum der Gesellschaft«, in gewisser Weise ihren klanglichen Inbegriff dar. Damit ist sie zugleich als Instrument des Erweckens und in unserer mediengeprägten Zeit als Werkzeug der jeweils herrschenden Staatsgewalt einzuordnen, denn sie kann

das Elend des menschlichen Daseins vergessen lassen,

glauben machen, daß Erfolg oder Liebe für jedermann erreichbar sind,

aufkommendes Murren und Aufbegehren zum Schweigen bringen.

Und schaltet man die vielgehörten Rundfunkstationen ein, deren Sendungen in der Regel zu zwei Dritteln aus seichten Schlagern und Hits bestehen – das letzte Drittel füllen Quizsendungen –, dann kann man diesen zweifelhaften Aspekt der Musik nur bestätigen: Sie wird Teil einer Maschine, die Träume verkauft. Glücklicherweise wohnen der Musik auch ganz andere Kräfte inne, Kräfte des Protests und der dynamischen Entwicklung. Sie ist ebenso auch Aufruf, Anstoß, Hoffnung, Erhebung. Sie ist Aszendenz, mit allem, was dieser Begriff an Zweideutigkeit in sich trägt.

Doch sie ist auch Flucht. Eine Freundin sagte einmal: »Nur wenn ich Musik höre, empfinde ich Stille um mich.« Dieser scheinbar widersprüchliche Satz bedeutet jedoch nur, daß sie der Musik richtig zuhört.

Der Ton, jeglicher Ton, entspringt der Stille und kehrt wieder in sie zurück.

Durch die innere Stille, die er auslöst, kann uns der harmonische Klang Zutritt zu höheren Seinszuständen verschaffen. In der Antike sah man die Musik als eines der geeignetsten Mittel an, um mit den Göttern in Verbindung zu treten. Es hieß sogar, sie sei eine Erfindung der Götter, wovon eine Unmenge von Mythen zeugt, wie beispielsweise bei den Griechen der Mythos von Hermes, dem, als er sich auf die Suche nach Apollos Kühen macht, eine friedliche Schildkröte über den Weg läuft. Da kommt ihm eine Idee, und er sagt zu ihr: »Ich will nicht zu jenen gehören, die nur Verachtung für dich empfinden. Ich werde etwas aus dir machen, auf daß du selbst im Tode noch singst!« Und ohne ihr Zeit zur Widerrede zu lassen, tötet er sie, dreht sie auf den Rücken, weidet sie aus, schneidet Schilfrohrstengel zurecht, die er quer über den Panzer befestigt, breitet ein Stück Rinderhaut darüber und nimmt ein Paar Schafsdärme, sieben an der Zahl, zur Hand, aus denen er Saiten fertigt – aus der Stille dieses Panzers treten Töne, die Lyra ist geboren.

Orpheus wird dieses Instrument später zur Kithara weiterentwickeln, indem er zwei zusätzliche Saiten anbringt. Unter seinen Händen gewinnt das Instrument die magische Kraft, alle Kreaturen zu verzaubern, bis hin zu den wilden Tieren und den Pflanzen, die sich vor ihm verneigen, und selbst die Steine erbeben, wenn er in die Saiten greift und dazu singt. Während der Fahrt der Argonauten vermag er sogar, dank seines Gesanges, die vom Sturm entfesselten Fluten zu beruhigen; und er verzaubert die furchterregenden Sirenen, da seine Musik die ihre übertönt...

Nachdem er aus dem Land des Goldenen Vlieses zurückgekehrt ist, vermählt sich unser Held mit Eurydike. Zärtliche Liebe verbindet sie. Und als sie stirbt, macht sich der Untröstliche auf, sie in der Unterwelt zu suchen. Auf seine Musik hin verschont ihn der schreckliche Zerberus, der stumme Sisyphus hält in seinem Werk, den Stein zu rollen, inne, die Danaiden schöpfen kein Wasser mehr in ihr Faß, Hades und Persephone sind verzaubert, und eine andächtig lauschende Stille legt sich über das Reich der Unterwelt, das durch diese harmonischen Schwingungen aus der Ordnung gerät, weil die Musik jeden verzaubert, der sie vernimmt, und alles Harte in Sanftes umwandelt.

»Beschwörung: irgend etwas, etwas Leibliches entströmt der Stimme.

Orpheus fleht, seine Stimme und die Saiten beben, er ruft, weint, singt, beschwört. Und mit seiner Musik beschwört er zugleich Eurydikes Bild herauf.

Die Frau kehrt zurück und erwacht zu neuem Leben, sie folgt dem Ruf.

Die Stimme gibt dem Namen Gestalt, entreißt das Wort

dem Tod, das Licht befreit es aus der Nacht, die Musik fügt ihre Sinnlichkeit hinzu und verhärtet, was weich ist: Wie weit geht die Menschwerdung?«[2]

Aber Orpheus versagt, als er sich nämlich unweit des Tores der Unterwelt, immer noch spielend und singend, nach seiner Geliebten umsieht, die ihm folgt. Dieser Blick, den die Nacht ihm vor dem Tage verboten hatte, dieser stumme, verliebte Blick bricht den Zauber der Musik. Es ist die verhängnisvolle Pause, die falsche Note in der Melodie, der Mißton, der die Verzauberung auflöst. Eurydike wird wieder vom schwarzen Nichts verschlungen, die Unterwelt tobt in rasender Wut, schreckenserregend holt sie sich ihr Recht zurück und nutzt hierzu Orpheus' kurzes, verfrühtes Schweigen, denn der Spielmann hat sein Konzert unterbrochen, das er bis zur Schwelle der Unterwelt hätte durchhalten müssen, und das dämonische Publikum, das für eine Weile in seinem Bann stand, hat zu seinem Haß zurückgefunden, den es nun hinausschreit.

Orpheus flieht, für immer allein.

Welch ein wundervoller Mythos, der von der Macht und der Illusion der Töne erzählt. Orpheus aber wird bleiben, als Symbol des idealen Musikers und vor allem als Patron der Initiationsmysterien, denn dank seiner Kunst hat er sich dem Unergründbaren und Unaussprechlichen genähert. Und was haben wohl all diejenigen, die man nach ihm als Orphiker bezeichnet, in seinem Vorbild gesucht? Das, was man in jeder Kosmogonie sucht: »*Etwas Göttliches,* etwas Vorgegebenes und unter den Zeichen der Welt und unter den Worten des Menschen selbst Verborgenes; *den Geist Gottes* und das dahinter verborgene Rätsel; *den Grund* der

Dinge und die gähnende Leere darunter; das ›unerschütterliche Herz der reinen Wahrheit‹!«[3]

Kurz und gut: das Geheimnis der Stille.

Auch in der hinduistischen Tradition wurzelt der Ton in diesem Geheimnis.

Und die geheiligte Silbe OM, der Urklang, der alle übrigen beinhaltet, jener Ton, aus dem das Universum gemacht ist und von dem es gehalten wird, wird definiert als Annäherung an den

»Ton, der nicht erklingt,
weil er jenseits des Klanges liegt.
Der Schüler, der ihn findet,
ist vom Zweifel befreit.
Es ist der Klang schlechthin,
der Unvergängliche, der sich jenseits
aller Kategorien befindet,
ob Vokale oder Konsonanten,
stumm oder stimmhaft,
Palatale oder Gutturale, Labiale oder Nasale,
Halbkonsonanten oder Aspirata;
und durch ihn
wird der Schüler den Weg erkennen,
auf den er den Atem führt.«[4]

Auch in dieser Überlieferung, wie in allen anderen, fehlt es nicht an legendären Berichten, die von der nachhaltigen Wirkung des *Raga* – einer improvisierten Melodie, die auf einer festgelegten Tonart aufbaut – auf die Naturgewalten erzählen. Die Musik, von der es heißt, sie »verleihe dem Geist

Farbe«, wird vom Musiker als lebendige Wahrheit empfunden, die sich nicht vom Göttlichen unterscheidet. Jede Note für sich besitzt innere Schönheit, und es gilt auf ihre »Nacktheit« zu achten, damit sie sich in der von der Zuhörerschaft ausgehenden Stille deutlich hervorhebt, denn in jeder gespielten Note soll die Unendlichkeit wahrnehmbar sein. Ein Freund, Musiker und Dichter, Zeno Bianu, erklärt mir, daß in Indien das Wesen der Musik – wie überhaupt jeder Kunst – im *Rasa,* dem Geschmack, liegt, das heißt in der direkten Offenbarung des Einen durch die Emotion. Der Geschmack ist hier nichts anderes als das Selbst, *Âtman,* des Raga.

Im wesentlichen zählt man neun Geschmacksgenüsse. Es sind die Genüsse der Stille selbst: das Erotische, das Komische, das Pathetische, das Heroische, das Wutentbrannte, das Schreckliche, das Grauenerregende, das Wunderbare und das Friedliche. »Was sich mit der Geschwindigkeit eines Feuers aus trockenem Holz einen Weg in das Denken bahnt«, sagt René Daumal, »ist die in allen Geschmacksgenüssen vorhandene Selbstverständlichkeit.«[5] Jedes Raga ist bestrebt, den Geist mit einem dominierenden Geschmack zu sättigen und darin einen Lichtkreis von unerschöpflicher Leuchtkraft zu bilden.

Der erste Ton – er bleibt unhörbar – ist der Ton des ewig präsenten und schöpferischen Universums. Er kann von den Yogis nur von innen her wahrgenommen werden. All die anderen Arten von Tönen hingegen bleiben registrierbare Schwingungen in der Luft.

Indem er die innere Schönheit einer jeden Note enthüllt, weckt der Musiker, dieser Barde des Unendlichen, die Herzen und verleiht der Stille einen kunstvollen Schliff.

Die musikalische Überlieferung des Islams ist ebenso reich auf diesem Gebiet. Auf die Frage nach den in gewissem Grade esoterischen Kräften bestimmter orientalischer Musiktraditionen antwortete der Forscher Jean During:

»Zunächst sei daran erinnert, daß diese musikalischen Praktiken eben nicht in einer Suche nach Ästhetik begründet liegen, sondern in dem Streben nach den Machteinflüssen, die sie verschaffen. Die Macht der Ästhetik ist in diesem Machtkomplex bereits eingeschlossen. Macht erkennt man an ihren Auswirkungen. In gewissen orientalischen Musikformen, und zwar nicht so sehr in der Musik als Kunst als vielmehr in der Volksmusik, ist man um eine Wirkung bemüht und beurteilt die Qualität der Musik nach ihrer Wirkung. Ich habe mich in meinen Studien mit der Musik der Sufis und der Mystiker beschäftigt wie auch mit den Volksmusikformen, die auf sie zurückgehen und deren Grundcharakter beibehalten haben, und ich konnte nicht umhin, mir die Frage zu stellen, worin eigentlich die Macht der Musik begründet liegt.

Antworten gibt es hierauf freilich mehr als genug. Eine davon, eine sehr dogmatische, die ich relativieren muß, vertritt den Standpunkt, daß bestimmte Intervalle oder Tonfolgen bestimmte Wirkungen zur Folge haben. Hierzu gibt es eine Fülle von Spekulationen, die sich auf den Pythagorismus und die griechische Scholastik stützen und die den Islam stark beeinflußt haben. Die Erfahrung aber zeigt, daß der Machteinfluß nicht in der Wahl der einen oder anderen Tonleiter oder Tonfolge beruht, denn im Spiel wendet man diese mathematischen Gesetze nicht sonderlich präzise an.

Macht läßt sich nicht in Gleichungen fassen. Eine Reihe

relativistischer Antworten berufen sich auf ein Konditionierungsphänomen: Man gewöhnt sich daran, in einen bestimmten Zustand einzutreten, während man schweigend bestimmte Arten von Musik hört. So gerät man beim Zuhören unverzüglich in einen Trance-Zustand. Zwar läßt sich dieses Phänomen nicht leugnen, dennoch ist die Frage auch damit nur teilweise beantwortet.

In Wirklichkeit handelt es sich hier um einen ganzen Komplex von Faktoren. Die Klangfarbe des Instruments muß berücksichtigt werden, die Intervalle rufen bestimmte Wirkungen hervor, die Konditionierung, die Reflexreaktion, das kulturelle Phänomen und vor allem auch das Wesen des Komponisten und des Interpreten, all das spielt eine gewisse Rolle. Eine vielleicht etwas erschöpfende Antwort zeichnet sich ab, wenn man sich mit der Frage nach der inneren Kraft des Musikers befaßt. Um eine Botschaft zu vermitteln, muß der Musiker selbst eine bestimmte Ausstrahlung besitzen, die von der Qualität seiner Stille, seiner Konzentration, seiner Meditation abhängt. Manche sagen, diese Ausstrahlung sei mit dem Grad seiner inneren Reinheit verbunden, andere wiederum meinen, sie offenbare sich, weil sie vererbbare Familientradition sei und der Musiker somit durch eine glückliche Fügung mit seiner Musik seine Botschaft vermitteln könne. Ich habe extreme Fälle erlebt, in denen die musikalische Form keinerlei Rolle mehr spielte; Musiker von ausgeprägter Spiritualität können mit der Interpretation einfachster Melodien Unglaubliches bewirken. Dies, so scheint mir, ist sehr wesentlich für die Beantwortung unserer Frage.

Selten erlebt man, daß es einem Musiker gelingt, die Leute zu faszinieren, wenn er nicht selbst diese Art innerer Kraft besitzt. Das ist es übrigens auch, was den Reiz einer Tradition ausmacht: Man wird über die Musik in eine bestimmte Form von Spiritualität eingeführt. Das geht Hand in Hand.

Andererseits ist es die Form der Musik selbst, die dieser Musik die Fähigkeit verleiht, Macht auszustrahlen oder nicht. Wenn jemand auf musikalischen Grundlagen arbeitet, die, wie man es heutzutage häufig im Westen beobachten kann, nichts mehr gemein haben mit den Naturgesetzen, so kann sich seine Spiritualität nicht so gut äußern wie die eines Johann Sebastian Bach etwa. Es muß unterschieden werden zwischen dem, was man als Intention oder Motivation bezeichnen könnte einerseits und den eingesetzten Mitteln andererseits.

Ist es demnach möglich, diese Macht der Musik auch unabhängig vom System der Töne und Tonarten anzunehmen, beispielsweise in der Welt der Zwölftonmusik?

Der Klang einer Saite bei einem Instrument trägt die Aufbaugesetze der Tonleiter in sich selbst. Der Grundton und seine Obertöne sind in ihrem Verhältnis zueinander von Natur aus exakt festgelegt. Hier etwas zu verschieben oder zu verwischen ist nicht möglich. Von dieser Warte aus gesehen, sollte man Orient und Okzident im übrigen nicht getrennt voneinander darstellen. Das gesamte Europa befolgt so ziemlich dieselben Gesetze der Melodik wie China, Indien, Persien und die arabischen Länder. Die europäische Spätklassik stellt einen Sonderfall dar, überall jedoch bleibt Gesang Gesang. Und wie sollte man in zwölf Halbtönen singen können?

Zu den Instrumenten nun: Gibt es wohl Instrumente,

deren Wirkung besonders stark ist, die sich in besonderem Maße für die Übertragung von Macht eignen?

Leute, die, wie beispielsweise die Sufis, tief in ihrer Tradition verwurzelt sind, werden antworten, daß manche Instrumente zweifellos intensiver wirken als andere. In der Türkei und der gesamten arabischen Welt gilt die Rohrflöte *(Nay)* als ein Instrument voller spiritueller Kraft. Und in Japan begegnet man dieser Flöte in der Zen-Musik, *(Sakuhati),* wo sie ähnlich wie die türkische *Nay* gehandhabt wird. Schwerlich kann man von Einfluß in die eine oder andere Richtung sprechen, und doch ist eine Gemeinsamkeit vorhanden.

Auch manchen Streichinstrumenten bzw. drehleierähnlichen Instrumenten, wie beispielsweise dem *Rehab,* sagt man Machteinfluß nach. In der abendländischen Kultur übernimmt übrigens die Geige die Rolle des mächtigsten Instrumentes. Man denke nur an Paganini, den Teufelsgeiger, an die *Kreutzer-Sonate* oder an Tartinis *Teufelstriller-Sonate.* All das beschwört doch eine bizarre und phantastische Welt herauf.

Im ganzen Orient und in Nordafrika findet man auch die Rundtrommel. Sie stellt das Schamaneninstrument schlechthin für die Sibirier, die Lappen, für die Indianer Amerikas und alle Derwisch-Bruderschaften dar, bei denen das laute Aufsagen von Litaneien *(Zikr)* üblich ist.

Jede Kultur besitzt ihre bevorzugten Instrumente. Ein von spiritueller Kraft beseelter Musiker aber, ein Meister seines Faches also, wird mit jedem x-beliebigen Instrument seine Wirkung erzielen können. Trotzdem hat es sehr wohl seinen Grund, wenn manche Kulturen das eine oder andere Instrument bevorzugen.«

Und hier noch die Beziehung der großen Pianistin Brigitte Engerer zur Stille: Anläßlich eines Interviews für eine Sondernummer der Zeitschrift *Question de*[6] über Musik- und Geistesleben erklärt sie:

»In der Arbeit des Interpreten gibt es drei Stadien: das erste Stadium setzt ein, wenn man einen musikalischen Text liest und den Eindruck einer unmittelbaren, direkten Intuition hat, wenn man alles in sich bereits fühlt.

Im zweiten beginnt dann die eigentliche Arbeit, und man muß erkennen, daß man nichts weiß, daß sich diese ganze Intuition verflüchtigt hat. Man gerät in eine Art Nebel.

Das dritte Stadium besteht darin, diesen Nebel hinter sich zu lassen und ganz allmählich einen logischen Dialog aufzubauen. Meiner Meinung nach wird es dem Interpreten nur dann gelingen, seine Zuhörer zu fesseln, wenn er etwas durch und durch Logisches und harmonisch Ganzes zum Ausdruck bringt. Die Musik ist nichts Abstraktes; sie kann ebenso logisch und ebenso fühlbar sein wie ein Blick oder die Wärme beziehungsweise Kälte einer Hand.

Um den Zuhörer zu ergreifen, muß man eine Geschichte ersinnen, ein Theaterstück entwerfen. Die besondere Schwierigkeit für den Solopianisten ist, daß er ganz allein nicht nur das Stück neu erstehen lassen, sondern auch das Bühnenbild, die Beleuchtung sowie die verschiedenen Rollen schaffen und daß er den Eindruck vermitteln muß, es ereigne sich tatsächlich etwas – ein Gedicht, eine Geschichte, ein Drama, ein Tod, eine Wiedergeburt … Und zieht sich ein logischer Faden vom Anfang bis zum Ende durch, so begreift der Zuhörer auch sofort und nimmt teil an dieser dargebotenen Welt.

Die erste Intuition ist wichtig, doch man darf sich nicht auf sie verlassen, weil man in diesem Falle leicht seine eigenen Empfindungen an die Stelle der Emotionen des Komponisten stellt. Es ist nötig, seine eigenen Emotionen zu vergessen, die Partitur flach vor sich auszubreiten, sie zu lesen, diese ganze abstrakte Notenschrift zu betrachten und zu versuchen, sie von all diesen kleinen Zeichen ausgehend wieder in Musik umzusetzen. Wenn man bei der ersten Lektüre von seinen Emotionen völlig geblendet ist, erkennt man diese unerbittliche Logik noch nicht. Außerdem muß man, was besonders schwierig ist, seine Emotionen darin integrieren können. Deshalb braucht man viel Zeit. Nietzsche meinte ironisch, daß es den Schriftstellern seiner Zeit an der Fähigkeit wiederzukäuen mangele. Heutzutage läßt sich diese Bemerkung insbesondere auf die Interpreten ummünzen. Manche gedenken vor allen Dingen, sich selbst zum Ausdruck zu bringen, sie haben Angst, es an Persönlichkeit fehlen zu lassen, wenn sie alles so spielen, wie es geschrieben steht. Diese Befürchtung ist etwas lächerlich. Wenn Sie zehn Pianisten dazu auffordern, ein und dasselbe Werk auf ein und dieselbe Art und Weise zu interpretieren, werden Sie doch zehn völlig verschiedene Interpretationen erhalten, weil jeder von ihnen den Ton, die Stimme, die Bedeutung und die Emotion anders erlebt. Es hat etwas Rührendes, wenn man in verschiedenen Interpretationen unter den Händen weder bekannter noch oft gehörter Pianisten dieselbe Richtung entdeckt. Beispielsweise erlebt man bei Cortot, Samson François oder Rachmaninow, wie sie trotz unterschiedlicher Interpretation und verschiedenen Ausdrucks dieselbe Linie verfolgen.

Wenn es dem Interpreten gelingt, das zu vermitteln, fühlt er es auch, und das vervielfacht seine Kräfte. Eine Art stillschweigende Übereinstimmung stellt sich ein, die sich auf die Qualität und die Intensität der Stille auswirkt: es gibt Konzerte, in denen völlige Stille herrscht und in denen dennoch nichts herüberkommt.

Dies gehört zum Bereich des Unsichtbaren. Sie fühlen, daß es an einem bestimmten Abend möglich sein wird, nuancierter zu spielen, die Tempi langsamer zu gestalten, denn das Publikum versteht genau, was Sie tun. Es ist, als säße der Pianist während seines Spiels in einer schillernden Blase. Er muß die Leute an diese Blase heranlocken und der Versuchung widerstehen, ihnen entgegenkommen und gefallen zu wollen. Eine Sonate von Beethoven darf man dem Publikum nicht zugänglich machen; das Publikum muß auf diese Musik zukommen und sich hingezogen fühlen. Diesen Wunsch kann man anregen, doch immer ist das nicht machbar. An manchen Abenden ist man da, mit all seinen Fasern präsent, an anderen Abenden nicht, und mogeln, so tun als ob, das ist nicht möglich. Ein andermal glaubt man vom Lampenfieber überwältigt zu werden. Lampenfieber aber betrifft hauptsächlich den Intellekt, Herz und Hände sind wie immer, nur vielleicht ein wenig nervöser als sonst. Und während der Intellekt durch hemmenden Streß blockiert liegt, bringen Herz und Hände unbewußt genau das zum Ausdruck, was sie ausdrücken sollen. Und am Ende entdeckt man ein tiefgerührtes Publikum, obwohl man doch die ganze Zeit über nur damit beschäftigt war, seiner Nervosität Herr zu werden.

Für einen Musiker scheinen mir drei Dinge von grundlegender Bedeutung. Zunächst einmal gilt es, den musikalischen Text lesen und entschlüsseln zu lernen, um tatsächlich zu erfassen, was der Komponist sagen wollte und was jedes kleinste Zeichen über den Noten zu bedeuten hat. Eine mit *Staccato* überschriebene Phase drückt etwas Bestimmtes aus, mit *Legato* jedoch etwas ganz anderes. Man muß bei aller unterschiedlichen Phrasierung die verbindende Logik unbedingt herausbringen.

Das zweite, was Ihnen ein Lehrmeister beibringen wird (vielleicht sogar als erstes), ist, daß die Musik zunächst einmal Rhythmus war, bevor sie überhaupt zur Musik wurde, und daß sich demnach in jeder Musik der menschliche Pulsschlag, der Rhythmus des Herzens verbirgt. Ohne diesen Rhythmus gibt es keine Musik. Ein einfacher, aber wahrer Umstand, den nur wenige junge Musiker bedenken, weil sie ganz gefangen sind in ihrer eigenen Emotion. Wenn dieser grundlegende Rhythmus fehlt, bleibt nichts mehr übrig von der Musik.

Das dritte ist die Konzentration auf den Ton, auf die Schönheit des Tons. Man muß lernen, sich selbst zuzuhören und dabei seine Emotionen unter Kontrolle zu halten, um genau den gewünschten Ton hervorzubringen. Das hängt ab von ein paar Milligramm mehr oder weniger auf den Tasten, von der Länge des dem Instrument eigenen Klangs etc. Es gilt auch, auf dem Klavier den Ausdruck der menschlichen Stimme wiederzufinden, den Ausdruck der menschlichen Natur und der göttlichen Schöpfung, die wir durch unser Streben nach einem Natur-Ideal armselig neu zu erschaffen versuchen.«

Diese Gespräche zeugen von der absoluten gegenseitigen Beeinflussung der verschiedenen Formen von Stille, Musik und Hören. Und ich werde nie jene Begegnung vergessen, die ich vor einigen Jahren im Iran – noch vor der Zeit der Ayatollahs – mit einem blinden Musiker hatte, der als ein Lehrmeister der Sufis galt. Jean During, der es sich bereits zur Aufgabe gemacht hatte, die im Aussterben begriffenen Musikformen im Orient wieder ausfindig zu machen, hatte ihn mir in der Mehli-Schule für Volksmusik vorgestellt.

Es gelang mir nicht, das Alter dieses Mannes mit dem so weichen Gesicht und dem so freundlichen Lächeln einzuschätzen. Er saß auf einem Stuhl und heftete unverwandt seine leeren Augen auf mich. Jean sagte mir: »Er will nicht sprechen, er will uns nur etwas vorspielen. Das soll uns Ersatz für jeden Vortrag sein.« Wir gingen in ein kleines, angrenzendes Zimmer: der Blinde nahm sein Santur auf die Knie, jenes trapezförmige Instrument, dessen zweiundsiebzig Saiten man mit dünnen Klöppeln aus Buchsbaumholz schlägt. Er spielte eine erste, wunderschöne Melodie. Als das Stück verklungen und für einige Augenblicke Stille eingetreten war, hob er den Kopf und dankte uns dafür, daß wir so gut zugehört hatten. Ohne Übergang verfiel er dann in ein zweites Stück von überwältigender Virtuosität. Das erste hatte unseren Sinn für Ästhetik angesprochen, das zweite riß unsere Seele mit sich fort und versetzte uns buchstäblich in Ekstase. Es war ein grandioses Erlebnis, das ich weder zum Ausdruck bringen noch erzählen kann. Das einzige, was ich darüber zu sagen vermag, ist, daß er unseren Geist wie einen Champagnerkorken knallen ließ und daß wir heftiger reagierten als auf die stärkste Droge.

Der siebte Himmel.

In dem langen Schweigen, das sich darauf einstellte, sahen Jean und ich einander lächelnd an, unsere Gesichter waren gezeichnet, wir waren geblendet von dieser Sphärenmusik, wir hatten die Gewalt des Klanges *gesehen.*

Immer noch lächelnd hob der blinde Musiker, der mit seinem ganzen Körper zu sehen vermochte, von neuem an zu spielen. Eine dritte Weise. Eine ganz schlichtes Volkslied, kurz, fröhlich, bunt, wie es die Märkte dort sind, und voller Leben. Jenes Stück sagte uns, so, und nun müßt ihr aber auch wieder hierher zurückkehren, herabsteigen, denn das Leben geht weiter.

Dann grüßte er uns, wir dankten ihm ergriffen und verließen die Musikschule. Dieser Mann besaß die Gabe des Orpheus, und dabei ging es um mehr als einen bloßen Köder, das begriff ich nun.

Die Wahrnehmungsfähigkeit ist bei einem Blinden bekanntlich überdurchschnittlich hoch entwickelt. Jener Mann hatte noch einen weitaus höheren Grad erreicht. Seine Musik reichte an die göttliche Stille heran. Und ich mußte an Beethoven denken, der, taub und von leidenschaftlichen Stürmen durchtobt, wohl mit seinem ganzen Körper zu hören wußte und am 17. Juli 1812 einer Musikfreundin, Emilie M., schrieb: »Fahre fort, übe nicht allein die Kunst, sondern dringe in ihr Inneres; sie verdient es, denn nur die Kunst und die Wissenschaft erhöhen den Menschen bis zur Gottheit. (...) Der wahre Künstler hat keinen Stolz, leider sieht er, daß die Kunst keine Gränzen(!) hat, er fühlt dunkel, wie weit er vom Ziele entfernt ist und indeß er vielleicht von Andern bewundert wird, trauert er, noch nicht

dahingekommen zu sein, wohin ihm der bessere Genius nur wie eine Sonne vorleuchtet.»[7]
Was gäbe es noch über Stille und Musik zu sagen? Auch Mozarts *unvollendetes Requiem* wäre noch zu erwähnen.

Als Debussy *Pelléas et Mélisande* komponierte, schrieb er seinem Freund Ernest Chausson: »Ich habe mich eines Mittels bedient, das mir recht selten scheint, nämlich der Stille als Ausdrucksmittel und vielleicht einzigen Möglichkeit, die einzelnen Phrasen zur Geltung zu bringen.« Und bei Webern muß der Anteil an Pausen tatsächlich entziffert werden, wie er es seine Interpreten lehrte: eine Haltung, die sich bei John Cage, dem Verfasser eines theoretischen Werkes mit dem Titel *Silence*[8] sowie verschiedener »Schweigekonzerte«, noch radikalisiert. Gemeinsam mit einer Pianistin betrat er den Konzertsaal. Sie setzte sich. Sie machten Anstalten, mit dem Spiel zu beginnen, hoben an und ... blieben bewegungslos sitzen, in völligem Schweigen erstarrt. Das Publikum, das sich in seinen Affekten traumatisiert fand und dessen Nerven zum Zerreißen gespannt waren, brach dieses Schweigen auf die eine oder andere Weise, die jedoch alle im höchsten Stimmengewirr endeten.

Aus der Stille macht man das, was man ist.

Ich möchte nur kurz erwähnen, daß ich mitunter die schönsten Augenblicke kollektiver Stille im Anschluß an Popkonzerte erlebt habe. Nach Stunden wildentfesselter Tempi, ungeheurer gesanglicher Leistungen und primitiven Gebrülls. Wenn die Rolling Stones, David Bowie, Lou Reed oder wer auch immer zu spielen aufhören, wenn ihre magische Zeremonie zu Ende geht und ihr Gesang vorüber ist und wenn

Tausende von Leuten nach Hause gehen, das Stadion oder die Sporthalle gemeinsam verlassen, glücklich über diesen feierlichen Augenblick und durch die Katharsis gereinigt, dann liegt über dieser Menschenmenge im Dunkel der Nacht eine verzauberte Stille, vom Scheppern der leeren Bierdosen, die man mit dem Fuß vor sich her stößt, rhythmisch unterbrochen. Gewiß, es ist eine sehr spezielle Stille, doch auch eine sehr ergreifende.

Stille macht man aus dem, was man ist.

Die Sprache der Vögel

Ich habe mein Haus in der Welt der Menschen gebaut
Und dennoch dringt kein Geräusch von Pferd oder
Streitwagen an mein Ohr.
Willst du wissen, wie das möglich ist?
Ein entrückter Geist schafft Stille um sich herum.
Ich pflücke Chrysanthemen unter der Hecke.
Die Gebirgsluft ist rein in der Abenddämmerung
In kleinen Schwärmen fliegen die Vögel zurück zu ihren Nestern.
All diese Dinge haben einen tiefen Sinn,
Aber wenn ich versuche, ihn zum Ausdruck zu bringen,
Verliert er sich in der Höhe.

TAO CH'IEN (365–428)

Was verbirgt das Schweigen der Tiere, der Pflanzen? Um eine Antwort auf diese Fragen zu erhalten, beschloß ich, einen meiner Freunde zu besuchen. Knud Victor ist ein dänischer Ornithologe, der seit zwanzig Jahren wie ein regelrechter Eremit im Luberon-Gebirge lebt. Dort filmt er das Leben der Natur und zeichnet vor allem ihre Geräusche auf – ein Eremit des elektronischen Zeitalters, der dem Gesang der Welt lauscht.

Er lebt in einem halb zerfallenen ehemaligen Bauernhof, inmitten ungezähmter Vegetation. Die Szenerie, die man hinter seinem Haus entdeckt, weckt den Wunsch, stundenlang nur dazusitzen und die Natur in ihrem Überschwang zu betrachten. Ein ewiges Wunder.

Der große, bärtige Mann mit den rauhen Umgangsformen und dem kindlichen Lächeln empfängt uns sehr herzlich und erzählt uns, daß vor kaum einer Stunde einige Vögel ihn durch lautes Gepiepse buchstäblich herbeigerufen hätten. Das seltsame Verhalten habe ihn neugierig gemacht, und er sei ihnen gefolgt. Die Vögel hätten ihn zu ihrem Nest geführt, das am Boden lag und gerade von einer Natter angegriffen wurde. Vermutlich hatte der Mistral es heruntergeschleudert. Er verjagte die Schlange, nahm eines der Vögelchen – es lebte noch – vom Boden auf und plazierte das Nest wieder an einen sicheren Ort, oben im Baum. Danach kehrte er zufrieden zurück, aber merkwürdigerweise wurde er von den beiden Vögeln verfolgt, die ihr hektisches Gezwitscher und Geflatter nicht aufgaben. Er ging noch einmal zum Nest zurück, suchte den Boden ab und entdeckte zwei weitere Vögelchen, die sich in einem Loch unter dem Gras versteckt hatten und nun hilflos da hockten, da sie noch nicht fliegen und demzufolge nicht ins Nest zurückkehren konnten. Er nahm sie sanft auf, setzte sie ebenfalls ins Nest und ging nach Hause. Die Vogel-Eltern folgten ihm nun nicht mehr.

Wir setzten uns in den Schatten eines Feigenbaums, und nachdem wir ein wenig geplaudert haben, stelle ich ihm meine Fragen über die Stille. Er lächelt, schweigt einige Minuten und antwortet dann:

»Die Stille gibt es nicht. Im Grunde ist alles immer eine Frage der Lautstärke. Aber es gibt eine relative Stille. Zum Beispiel bin ich hierher in die Provence gekommen, an diesen Ort, wegen der relativen Stille. Sie erlaubt es mir, bei meinen Aufnahmen eine gute Tonqualität zu erreichen. Der Gesang der Zikaden hebt sich sehr deutlich ab von der Ruhe hier ringsherum, das gleiche gilt für alle anderen Tiergeräusche. Vor zwanzig Jahren hörte sich an Tagen ohne Mistral die Stimme des Bauern aus dem Tal drunten an, als entspreche sie genau den Proportionen des Tals, sie nahm die strukturelle Form des Tals an, sie war gleichsam der Abguß des Tals. Heute kommt das Phänomen nicht mehr zustande, weil der allgemeine Lärmpegel gestiegen ist. Hinter dem Hügel dort gibt es mittlerweile eine vielbefahrene Landstraße, hinzu kommen die Flugzeuge, die landwirtschaftlichen Maschinen. Auch wenn man die einzelnen Geräusche nicht deutlich unterscheidet, so ist der allgemeine

Lärmpegel dadurch doch gestiegen, und die relative Stille ist geringer geworden.«

»Du sagtest einmal, du könntest die Ameisen gehen hören?«

»Ja, aber nur dort, wo die Stille ziemlich intensiv ist. Jeder, der ein gutes Gehör hat, kann die Ameisen hören ...«

»Du hörst also die Sprache der Ameisen, ihre Signale?«

»Sie klopfen mit ihrem Unterleib auf den Boden, um sich zu verständigen. Dabei kommt es zu einem durchaus hörbaren Klopfgeräusch. Genauso können die Geräusche der Holzwürmer im Holz im Sinne eines Trommeleffekts interpretiert werden. Und wie in jeder Sprache gibt es Pausen zwischen den Wörtern, also Schweigen.«

»Bei den Zikaden, die ihr typisches Geräusch mit den vier Flügeln erzeugen, gibt es besonders lange Pausen, ein Innehalten in ihrem ›Gesang‹. Warum eigentlich?«

»Sie müssen Atem schöpfen!« Wir lachen. »In Wirklichkeit ist es so, daß die Zikaden mit zunehmender Hitze allmählich in einen einheitlichen Rhythmus verfallen, bis zu dem Augenblick, wo man das Gefühl hat, daß es ich um eine einzige, eine sehr große Zikade handelt, die da singt. Daher kommt in der brütenden Sommerhitze das Gefühl, daß man einer regelrechten Mauer aus Zirpen gegenübersteht. Sobald sich aber eine winzige weiße Wolke vor die Sonne schiebt, nimmt die Intensität des Gesangs ab, das habe ich häufig festgestellt.«

»Warum singen sie überhaupt, die Zikaden?«

»Es sind nur die Männchen, die ihr Zirpen einsetzen, um das Weibchen herbeizulocken. Aber ich besitze auch Tonaufnahmen, wo sich die Männchen untereinander eine Art akustischen Krieg liefern. Anstatt körperlich gegeneinander zu kämpfen, wie zum Beispiel die Ameisen, kämpfen sie mit ihren Zirpgeräuschen.«

»Und die Vögel? Sie singen, veranstalten ein unglaubliches Getriller, und dann plötzlich ... Schweigen.«

»Man kann – das ist der Zweck meiner Forschungen – einen poetischen und rhythmischen Bezug der verschiedenen Klangelemente untereinander erkennen, die von den Tieren in unserer Umwelt produziert werden. Sie singen, dann lauschen sie, um sich aufeinander abzustimmen. Dieses Aufeinanderbezogensein besteht sogar zwischen den verschiedenen Gattungen: zwischen der Grille und dem Ziegenmelker, zwischen einem Frosch und einem Vogel. Ich möchte meinen, daß in der Natur eine Art Symphonie am Werk ist. Ich besitze unglaublich schöne Tonaufnahmen von verschiedenen Vogelarten, die sich gegenseitig geantwortet haben, vielleicht einfach nur, um ihr Revier zu markieren, aber es entsteht eine ganz erstaunliche Klangharmonie ...

Aber ich weiß nicht, wo die Stille anfängt und wo sie endet.

Ich erinnere mich, einmal hat man mir in Avignon ein hochmodernes Tonbandgerät zur Verfügung gestellt. Ich probiere es an Ort und Stelle aus, es funktioniert fabelhaft. Ich bringe es hierher, und am Abend schließe ich es an, um etwas aufzunehmen. Da höre ich ein entsetzliches Grundgeräusch, man hört nichts als den Motor, mit dem Gerät ist nichts anzufangen. Ich bringe das Gerät zurück, es wird ausprobiert – nichts, alles ist absolut in Ordnung, der Ton ist perfekt, selbst mit dem Ohr direkt auf dem Gerät höre ich kaum ein Grundgeräusch. Ich bringe das Ding wieder hierher zurück, und das gleiche Phänomen wiederholt sich! Es war also derselbe Motor, nur der allgemeine Geräuschpegel war jeweils ein anderer. Das Stille-Umfeld der Stadt und das hier auf dem Land waren absolut verschieden, und daher wurde die Geräusch-Intensität vollkommen anders wahrgenommen. An dem Tag wurde mir erst richtig klar, wie relativ die Stille ist. Außerdem war das Geräusch des Blutes in den Ohren sehr wichtig. Wenn es andere Geräusche überdeckt, glaubt man, es herrsche Stille. Zu meinem Beispiel kann man folgendes sagen: Der Geräuschpegel von Avignon und die durch die Stadt erzeugte allgemeine Anspannung verstärken auch das Rauschen des Blutes im Ohr, und all das zusammen bewirkt, daß die Stille relativiert wird.

›Stille‹ ist ein vollkommen abstrakter Begriff. In diesem Sommer habe ich das akustische Repertoire der Essigfliegen aufgenommen! Im Verhältnis zur Größe dieser Insekten ist ihr Geräusch vergleichbar mit dem einer afrikanischen Buschtrommel. Alle Tiere erzeugen Geräusche. Ich sage immer: Wenn in der Natur zwei Körper, egal aus welcher Materie, in Berührung kommen, entsteht ein Geräusch. Sobald es eine Reibung, ein Gleiten, ein rhythmisches Schlagen gibt, gibt es auch einen Ton. Man glaubt immer, das Fliegen der Vögel sei leise. Von wegen, Vögel machen beim Fliegen einen höllischen Lärm. Die Geräusche der Federn sind unglaublich stark!

Die Lautfrequenzen in der Natur erweisen sich als sehr hoch. Alles erzeugt Geräusch. Vielleicht muß man die Erdatmosphäre verlassen, sich ins All begeben, um jene unendliche, uns Angst einflößende Stille zu finden, von der bei Pascal die Rede ist. Vielleicht würde man aber auch das Geräusch unserer eigenen Moleküle vernehmen!

In den siebziger Jahren gab es einen Schlager, der hieß: *I can hear the grass grow* – Ich kann das Gras wachsen hören. Dieser Ausdruck, der in diversen Sprachen absolut gängig ist, ist jedoch nicht nur eine Metapher. Man kann zum Beispiel sehr wohl den Saftdruck in einem Baum hören. Wenn man im Mai das Ohr an einen Birkenstamm legt, und zwar kurz bevor der Baum ausschlägt, hört man ganz deutlich, wie die Säfte steigen. Bei den Birken hört man es aufgrund der Faserstruktur besonders gut, aber mit hochempfindlichen Geräten könnte man das Geräusch der Säfte in jedem Ast, jedem Blatt, jeder Blume hören.

Einen interessanten Versuch habe ich gemacht mit geräuschfilterndem Material, womit man hohe und tiefe Frequenzen eliminieren kann. Ich habe versucht, die Stille herauszufiltern, indem ich ein Maximum an Störwellen gelöscht habe. Nun, das Ergebnis war entsetzlich frustrierend. Die so entstandene Stille ließ in den Ohren einen vollkommen anderen Druck entstehen, es war abscheulich! Es war einfach unnatürlich, und das spürte man körperlich. In der Stille gibt es störende Frequenzen, Infra- oder Ultraschall, die nun vermutlich nicht mehr ausgeglichen wurden, die Wirkung war jedenfalls sehr merkwürdig, an der Grenze des Unangenehmen: ich hatte eine enervierende Stille herausgefiltert. Eine widerwärtige Stille.

Nun gut, bei Tieren gibt es einerseits die Stille zwischen den Lauten und andererseits das Stillsein selbst: beim lauernden oder beim schlafenden Tier... Das sind zwei verschiedene Dinge. Aber bei einer Katze, die keinen Ton von sich gibt, weiß man nicht, wo sie ist. Sie ist da…, aber was tut sie? Sie lebt wie alle anderen Tiere auch in einer Welt, von der wir Menschen uns einfach kein Bild machen können.

Kommunikation kennt keine Unterbrechung, denk nur daran, wie sich die Ohren einer Katze bewegen. Aber man weiß nicht wirklich, wie die einzelnen Tierarten Kommunikation umsetzen und wahrnehmen.

Nach all den Jahren bin ich einigermaßen in der Lage, die Sprache der Vögel zu verstehen, die Kommunikation zwischen der Mutter und den Kleinen, zwischen dem Weibchen und dem Männchen. Sie verwenden eine unglaubliche Menge von Tönen, die manchmal kaum vernehmbar sind und die alle etwas bedeuten. Ich habe Nester gefilmt und Tonaufnahmen gemacht, Jahr für Jahr, und ich muß sagen: Ihre Klangwelt ist unglaublich. In jedem Nest geht es zu wie im Hühnerhof.«

»Wenn man die Sache etwas erweitert, könnte man sagen, daß jeglicher Energiefluß Geräusche freisetzt, ja sogar, daß unsere Gedanken Geräusche produzieren?«

»Ja, das könnte man fast sagen.

Aber für mich ist das echte Problem der Stille und des Lärms ein anderes. Es besteht darin, daß ich von einer Jahreszeit zur anderen den Pegel der mechanischen Geräusche in unserer Umwelt ansteigen und den Pegel der Tiergeräusche sinken höre. In den letzten Jahren habe ich zugesehen, wie ein paar Dutzend Tierarten verschwunden sind. Sogar die Zikaden werden immer weniger und die Zwergohreulen immer seltener. Den Uhus hingegen scheint es immer besser zu gehen….«

»Wohl deshalb, weil man sie nicht mehr an die Scheunentore nagelt.«

»Möglicherweise. Auf jeden Fall wandelt sich die Atmosphäre in der Natur, diese relative Stille, und zwar unaufhaltsam ...«

Nachdem ich Knud Victor verlassen hatte, fiel mir auf dem Heimweg jener merkwürdige Versuch ein, den ein New Yorker Polizeibeamter eines Tages durchgeführt hatte: Er langweilte sich in seinem Büro und schloß die Elektroden seines Lügendetektors an eine Pflanze an, einen braven Gummibaum, der da träge sein verstaubtes Dasein fristete. Und siehe da, die Pflanze reagierte auf verschiedene Stimuli. Zunächst einmal schlug der Zeiger auf dem Zifferblatt aus, als der Mann mit der Schere ein Blatt zerschnitt. Das könnte man mit dem Schock erklären, den die Klinge in der organischen Materie verursachte. Die Pflanze reagierte jedoch ebenfalls, wenn der Mann im Geist eine brutale Handlung formulierte, ohne das Vorhaben jedoch in die Tat umzusetzen, zum Beispiel: »Jetzt werde ich dich mit meiner Zigarette versengen.« Allein schon der stumme Einfluß des Gedankens genügte, um eine – vom Apparat übersetzte – Antwort der Pflanze in Form von Schwingungen hervorzurufen. Dieser Versuch, der inzwischen unzählige Male durchgeführt wurde, erbrachte den Beweis, daß die Pflanzen viel mehr »spüren«, als man sich vorstellen kann.

Ihr Schweigen ist ein Bewußtseinszustand.

Warum auch sollten sonst jene Menschen, denen man nachsagt, sie hätten »einen grünen Daumen«, mit der Pflanze sprechen, die sie so wunderbar zum Gedeihen bringen. Sie tun es laut oder stumm, aber sie tun es, weil die Pflanzen ihnen zuhören. Meine vegetarischen Freunde nehme ich immer auf den Arm, indem ich ihnen sage, der Salat, den sie essen, heule vor Schmerz, auch wenn sie ihn nicht hörten!

Hier sollten wir nun einige Worte verlieren über den Begriff der Information. Denn Kommunikation unterliegt zwei Bedingungen:

sie muß durch einen Raum der relativen Stille hindurchdringen,

sie darf nicht gestört werden.

Zu diesem Zweck möchte ich mich auf ein Gespräch mit Professor H. Laborit beziehen, in dem er mir zunächst erklärte, daß dieselben allgemeinen Regeln sowohl für die menschliche Spezies als auch für alle anderen Lebewesen gültig sind, und dann hinzufügte:

»Es gibt einen Begriff der Information, den der Biologe nicht mag. Nehmen Sie das Beispiel eines Telegramms, das sie von Paris nach Marseille schicken und in dem folgendes steht: ›Komme in Marseille-Marignane an mit Flug AS 620 um soundsoviel Uhr‹. Es braucht ein gewisses Maß an Energie, um dieses Telegramm seinem Adressaten zukommen zu lassen: die Energie, die Sie verbraucht haben, um den Text aufzusetzen und zur Post zu gehen, die, die der Postbeamte verbraucht, die elektrische Energie, die nötig ist, um das Telegramm nach Marseille zu übermitteln, die, die erforderlich ist, um es zu entziffern, die des Postboten, der es austrägt, und so weiter. Das alles kann quantitativ ziemlich genau gemessen werden. Jetzt nehmen Sie aber einmal die Buchstaben dieses Telegramms, werfen Sie sie einzeln in einen Hut, schütteln Sie sie durcheinander und fischen Sie sie wie's gerade kommt wieder heraus. Die Chance ist gering, daß die zufällig gezogenen Buchstaben einen Telegrammtext ergeben, der etwas bedeutet. Trotzdem reihen Sie die Buchstaben aneinander, bringen sie zur Post, und der Energieverbrauch wird genau der gleiche sein, Ihr Telegramm aber ergibt für den Empfänger keinen Sinn mehr. Also ist die Art und Weise, wie die Buchstaben, das heißt, die einzelnen Elemente eines Ganzen, miteinander verbunden sind, wichtig für den Sinn der zu übermittelnden Botschaft.«

»Ist es das, was die lebenden Strukturen von den leblosen unterscheidet?«

»Ja, die Atome der leblosen Materie sind alle auch in der lebenden Materie vorhanden. Was verschieden ist, das ist die Art und Weise, wie sie untereinander verbunden sind. Die Art und Weise, wie die lebende Struktur sich – ausgehend von Atomen und Molekülen – organisiert, ist eine andere. In einem Kristall zum Beispiel, einem leblosen Gegenstand, einem Stein, haben wir das immer gleiche Ordnungsmuster von Atomen und Molekülen vor uns. Es gibt keine verschiedenen Organisationsgrade.

Sie können aus der Masse eines Kristalls ein x-beliebiges Stück herausschneiden, es wird immer gleich strukturiert sein. Im lebendigen Organismus hingegen ist zwar die allgemeine Struktur sämtlicher Zellen nahezu identisch, mit ein paar kleinen Unterschieden, je nach Funktion der Zelle (eine Nervenzelle hat nicht dieselbe Funktion wie eine Muskelzelle oder eine Drüsenzelle), auch ist der chemische Mechanismus, der es ihnen ermöglicht zu funktionieren, immer der gleiche. Was aber den Unterschied ausmacht, ist die

Tatsache, daß von einer Zelle zur nächsten, gewissermaßen an der Zellgrenze, ein bestimmter Organisationsgrad wirksam wird, und der ist dafür verantwortlich, daß die Organe andere sind, auch wenn die Zellen, aus denen das Organ besteht, die gleichen sind. Das Ergebnis ist ein Organismus, also Information. Ich nenne das Strukturinformation, das heißt, eine Gestaltung der polymolekularen Atomelemente. Die Information bewirkt, daß das Ganze mehr als die Summe der Teile ist.

Sie könnten alle Atome, die Ihren Organismus bilden, voneinander trennen, dann gäbe es keinen Organismus mehr, und trotzdem gäbe es da noch dieselbe Masse und dieselbe Menge Energie. Es ist also schlicht und ergreifend die Anordnung dieser Atome und dieser Moleküle untereinander, die dafür verantwortlich ist, daß Sie der sind, der Sie sind, und nicht ein Elefant. Es ist eine Frage der Struktur, nicht meßbar mit einem Dynamometer, nicht zu wiegen, von der Konsistenzlosigkeit des Geistes, nichts Materielles.«

»Sie beschränken das Wesen nicht auf seinen Organismus?«

»Es braucht die Materie, um zu existieren. Die Information ist weder Masse noch Energie, wie schon Norbert Wiener sagte, aber sie braucht die Masse und die Energie, denn wenn es keine untereinander zu verbindenden Teile gäbe, gäbe es auch keine Verbindung. Und damit können wir ein weiteres Phänomen verstehen, das den lebenden Systemen eigen ist: sie sind, thermodynamisch gesehen, offene Systeme. Das heißt, Sie können nicht leben, wenn Sie sich nicht ernähren, wenn Sie also keine Energie und keine Masse aufnehmen. Somit verbrauchen Sie Materie, Sie verwandeln potentielle Energie in kinetische Energie, Sie scheiden Abfallstoffe aus. Sie stellen also ein extrem offenes System dar. Die gesamte Biosphäre, alle lebenden Systeme, welcher ihr Entwicklungsgrad auch sein mag, von der Bakterie bis zu uns Menschen, allesamt sind sie offene Systeme, da Solarphotonen in sie eindringen und verarbeitet werden. Der Mensch kann sich nicht von Solarphotonen ernähren, indem er nur den Mund aufmacht. Deshalb sind Photosynthese und Wiederverwertung der Abfälle, die der Mensch und die anderen Lebewesen produzieren, für ihn wie für alle lebenden Systeme, die bakteriellen, die tierischen, die pflanzlichen etc., so wichtig. Organische Materie wäre auf unserem Planeten übrigens nicht ausreichend vorhanden, wenn sie nicht unentwegt wiederverwertet würde. Und wenn Sie all die natürlichen Abläufe zwischen Sonne und Menschen zerstören, dann wird die Spezies Mensch untergehen – was heute tatsächlich zu geschehen droht.«

»Bekennen Sie sich zu den Thesen der Ökologen?«

»Voll und ganz. Was die Thermodynamik und die Information betrifft, sind die lebenden Systeme offene Systeme. Auf der Ebene des Individuums haben wir es, was die Struktur betrifft, mit geschlossenen Systemen zu tun. Das heißt, daß alle Moleküle, alle Zellen Ihres Organismus nur einem einzigen Zweck dienen: dem Zweck des Ganzen, der darin besteht, Sie am Leben zu erhalten. Einen anderen gibt es nicht. Ansonsten gäbe es Sie nicht. Das sind die Gesetze, die man Kindern beibringen sollte, noch ehe man sie das Multiplizieren lehrt.«

»Sie sagen, Sie sähen das Überleben der Spezies darin,

daß der Mensch das einzige Tier ist, das weiß, daß es sterben wird.«

»Ja. Unter dem Druck der Notwendigkeit hat der Mensch bisher immer im Sinne der Evolution reagiert und hat Lösungen gefunden, um zu überleben. Das Problem, wie es sich heute darstellt, besteht darin, daß die Energiereserven abgebaut werden, die Biosphäre zerstört wird, die Weltbevölkerung in rasendem Tempo zunimmt – lauter Entwicklungen, die das Leben des gesamten Planeten bedrohen. Die schöpferische Angst, die aus dieser Bewußtwerdung heraus entstehen kann, wird möglicherweise zum rettenden Faktor werden. Man muß Leben und Tod als die ganze Spezies Mensch betreffend ins Auge fassen, planetarisch. Das ist der einzige Ausweg ...«

Die Natur ist nicht stumm. Hoffen wir jedoch, daß die Botschaft das Schweigen unseres Gewissens durchdringt. Noch ein besorgter Zeitgenosse soll hier zu Wort kommen, Guido Ceronetti: »Wenn die derzeitigen ökologischen Veränderungen auf bösartige psychische Kräfte zurückzuführen sind, die in unserer Welt (in unserer Sphäre) am Werk sind, kann unser Kampf gegen sie mit grob materiellen Mitteln (der blödsinnige Trugschluß: *gute* Technologie gegen *böse*) nur dazu führen, daß wir von ihnen ausgelacht werden, weil ihnen die materiellen und praktischen Mittel völlig gleichgültig sind. Was sie zurückweichen lassen könnte, kann nur eine massive doktrinäre und kulturelle Umwälzung als Folge irgendeiner undenkbaren Predigt, einer Konversion, einer teshuvà sein, die auf den stummen Wegen gegen die dunklen Strömungen einschreiten und gigantische Intrigennetze zerreißen müßte; oder die prophylaktische Anwesenheit einer gewissen Anzahl von sehr mächtigen Gerechten, die sich dessen bewußt und damit beschäftigt sind, den Schlag zu vereiteln.»[1]

Ich setze meine ganze Hoffnung in diese konspirative Bekehrung!

Die Bibliothek von Babel

Beim Lesen wird die Freundschaft plötzlich wieder zu ihrer ursprünglichen Reinheit zurückgeführt. (...) Die Atmosphäre dieser reinen Freundschaft ist das Schweigen, das reiner ist als das Wort.

MARCEL PROUST
Tage des Lesens

(Für J.-L. Borgès)

In einem Artikel mit dem Titel *L'Écoute* definiert Roland Barthes das Zuhören als einen psychologischen Akt, wobei das Hören selbst nur ein physiologisches Phänomen sei: »Ein freies Zuhören ist im wesentlichen ein Zuhören, das sich bewegt, das aufgrund seiner Beweglichkeit das rigide Netz der Wortrollen austauscht und zerfasert.« Dieser Satz lenkt die Aufmerksamkeit auf eine der Rollen der Stille, wie wir sie erleben. Wie schon erwähnt, blockiert ein mißbilligendes, ängstliches oder geistesabwesendes Schweigen die Kommunikation, lenkt sie ab von ihrer Austausch- und Teilnahmefunktion. Ein in seiner Stille aufmerksames, interessiertes und einfühlsames Zuhören, ein wirklich aufnahmebereites Zuhören hingegen ermöglicht einen offenen, entwicklungsfähigen Dialog. Das gleiche gilt für das Lesen eines Buches.

Die kommunikative Beziehung zu unseren Büchern, die sich im Akt des Lesens herstellt, ist in einem solchen Maße in Stille und Schweigen getaucht, daß Dr. Tomatis behauptet: »Man liest mit dem Ohr« – ein Aphorismus, den Barthes ergänzt, indem er sagt: »Ich höre, wie ich lese.« Beim Schreiben dieser Zeilen denke ich unwillkürlich an Montaigne. Seine wache Neugier auf Reisen oder bei Begegnungen mit anderen Menschen brachte ihm wie nebenbei ständig nützliche Informationen, und beim Herumstöbern in seiner Bibliothek ließ er seine Aufmerksamkeit von Buch zu Buch gleiten und verknüpfte seine Gedanken mit Hilfe freier Assoziationen. Auf zweifache Weise war er so der Meister des Zuhörens, des In-andere-Hineinhörens; diese Bereitschaft erlahmte niemals, bis zuletzt ließ er sein Bewußtsein den Nektar der gesprochenen oder geschriebenen Sprache sammeln.

Subtil und faszinierend ist die Stille einer Bibliothek, einer Buchhandlung, in der man verweilt, um die Einbände und Titel zu betrachten, um in einzelnen Bänden zu blättern, auf der Suche nach neuen Botschaften, nach funkelnden Erkenntnissen – Seiten, in die man buchstäblich hineinschnüffelt, die man riecht und die man spürt.

Das Wort, selbst wenn es nicht ausgesprochen wird, ist tatsächlich Laut, Bild, Farbe, Geruch und Textur.

Die Linguisten Trager und Hall haben eine Reihe von Begriffen eingeführt, die sich auf alle Arten von Kommunikation beziehen, einschließlich der Sprache. Das sind der Reihe nach »die *Serien,* die *Noten* und die *Schemata.* Die Serien (Worte) sind das, was man zuerst wahrnimmt; die Noten (Töne) sind das, woraus sich die Serien zusammensetzen; die Schemata (Syntax) sind das Mittel, die Serien kohärent zu machen, damit sie einen Sinn bekommen«. Hall stellt fest, daß zwar die Serie den vom Menschen am leichtesten wahrnehmbaren Aspekt darstellt, wobei das Schema der strukturierte Plan ist, der das Verständnis ermöglicht, aber die Note hingegen ist »eine Abstraktion, eine Illusion, ja fast ein Phantom«[1].

Der Unterschied zwischen Noten (Tönen) und Serien

(Worten) beginnt sich zu verwischen, wenn man ihn analysiert. Nehmen wir der Einfachheit halber das Wort »Wort«. Es setzt sich zusammen aus: W – weh, O – oh!, r – er, t – tee.

Die ursprüngliche Serie ist damit verschwunden, sie wird abgelöst von einer Reihe von Lauten, Vokalen und Konsonanten, die verschiedene andere Bedeutungen haben können. Das ist der Grund, weshalb man am Telefon beim Buchstabieren eines Namens, eines Eigennamens oder eines schwierigen Namens, gezwungen ist zu sagen: Herr Freud, F wie Friedrich, R wie Richard, E wie Emil, U wie Ulrich und D wie Dora, um sich eindeutig verständlich zu machen.

Derjenige, der spricht, erfährt also eine Begrenzung durch sein eigenes Sprachsystem, durch seine Codes. Die wirkliche Kommunikation liegt jenseits der Worte, in jener schmalen psychologischen Bandbreite, von der uns Barthes berichtete, in jenem bedeutungsreichen Un-Gesagten. Edward T. Hall sieht darin die Unmöglichkeit jeder – auch der vorsichtigsten – Sprachanalyse – und stellt zusammenfassend fest: »Auf dieses Dilemma läßt sich eine Regel anwenden, die vergleichbar ist mit dem Prinzip der Unschärferelation in der Physik. Diesem Prinzip zufolge sind der Betrachter und sein Instrument untrennbar verbunden mit dem betrachteten Phänomen. Der Akt des Betrachtens verändert die Umstände der Betrachtung. Je weiter man die Analyse der linguistischen Komponente vorantreibt, um so abstrakter und ungenauer werden die vorangegangenen Betrachtungen. Mit anderen Worten, wenn man kulturelle Gegebenheiten zu erforschen versucht, kann man immer nur auf einem einzigen analytischen Niveau präzise sein und dies nur über einen bestimmten Zeitraum hinweg. Ich möchte das als ›kulturelle Unbestimmtheit‹ bezeichnen.«

Die Bedeutung der Worte und der Sätze liegt jenseits des Aussprechens dieser Worte und Sätze.

Das gilt natürlich auch für das Lesen. Wie werden in einem Roman all die leidenschaftlichen Verwicklungen oder Charakterbeschreibungen aufgenommen? Jeder engagiert sich, in der Stille des Lesens, mit seiner Seele. Er reagiert auf sehr persönliche, einmalige Weise, wobei seine Wert- und Weltvorstellungen, seine Bildungsvoraussetzungen und sein Erkenntnisstreben zusammenspielen. Wenn man ein Zitaten-Lexikon durchblättert, findet man Interessantes, gewiß, aber es könnte jeder von uns seine eigene Sammlung ausarbeiten, die genau auf ihn zugeschnitten wäre.

Wichtige Sätze im Werk eines Autors, zum Beispiel dieser berühmte Satz von Jean Cocteau »Letzten Endes findet sich für alles eine Lösung, nur die Schwierigkeit zu sein, will sich nicht geben«[2], rufen in jedem ein anderes Echo hervor. Diejenigen, die wirklich gern lesen, setzen in jedem der drängenden Zeit abgerungenen Augenblick des Lesens ihre Meditation über den Sinn des Lebens fort.

Einem Buch gegenüber sind wir vollkommen allein, in eine absolute Stille getaucht. Ein gnadenvoller Augenblick, der gleichzeitig ein Akt des Vergessens und des Abgleitens ist, ein Eintauchen in die ursprünglichen Tiefen der Psyche, ein Schattentheater, ein Traum, der sich in uns widerspiegelt, Zerstreuung und Nachschöpfung, Kommunikation, die sich auf den verschiedensten Ebenen aufbaut, je nach Art unserer Gedanken und Bedürfnisse. Polyphoner Diskurs, Ort einer seltsamen Osmose, wo der, der liest, sich niemals im selben Universum befindet, wie der, der schrieb, Zeilen, wo die Wege des Werdens sich kreuzen ...

Hierzu fällt mir eine scherzhafte Bemerkung von Italo Calvino[3] ein, zu dem eine Frau sagte: »Sie möchten wohl, daß ich in Ihren Büchern nur das lese, wovon Sie selbst überzeugt sind!«

Calvino antwortete: »Das ist es nicht. Ich erwarte von den Lesern, daß sie in meinen Büchern etwas lesen, was ich nicht wußte; ich kann es aber nur von denen erwarten, die erwarten, etwas zu lesen, was sie ihrerseits nicht wußten.«

Die Formen der Stille, die jedes Lesen annimmt, sind ebenso zahllos wie die Lebenssituationen.

Stille des Lesens: ein Kontrapunkt zur tönenden Realität, Ort der Reflexion über sich selbst und der Einführung in die Welt.

Nehmen wir ein Werk, das Generationen geprägt hat, das von einer mythischen Suche berichtet, die berühmte *Morgenlandfahrt* von Hermann Hesse: eine symbolische Reise, die die unsere ist, denn in unseren Träumen, Lektüren, Besichtigungen verschiedener Orte durchlaufen wir auch verschiedene Epochen, schlagen unsere Zelte im zehnten Jahrhundert auf und wohnen bei den Patriarchen und Feen im Innern der Kammern unseres Gehirns und möglicherweise des Zeit-Raums, den wir auf diese Weise besuchen. Darin besteht die Magie des Werkes, ob gemalt, geschrieben, aus Stein oder einer sonstigen Materie, daß es jene Bewegung des Geistes auslöst, jenes Erklingen in der Stille, jenes Echo der Zeit und der vergangenen Erfahrung. Hesse sagt: »Die ganze Weltgeschichte scheint mir oft nichts anderes zu sein als ein Bilderbuch, das die heftigste und blindeste Sehnsucht der Menschen spiegelt: die Sehnsucht nach Vergessen.«[4] Ja, aber der Mensch ist auch verbohrt in seiner Sehnsucht, etwas *wiederzufinden.* Deshalb die Suche.

Das Ziel der Reise erscheint jedem anders: als absolute Pforte des Tao oder des Grals, als magische Schlange Kundalini, als geheimnisvolle Prinzessin oder Gefährtin, die geweckt werden muß – jeder von uns ist somit ein Prinz –, die auf uns wartet und die uns zum wirklichen Leben erwecken wird, zum Dasein des tapferen Ritters mit dem reinen Herzen, der im geheimen Garten jeder Frau lebt ... Stets sind das Ziel und seine Darstellung unterschiedlich, aber sie bleiben archetypisch: »... unser Ziel war ja nicht nur das Morgenland oder vielmehr: unser Morgenland war ja nicht nur ein Land und etwas Geographisches, sondern es war die Heimat und Jugend der Seele.«

Zu allen Zeiten nimmt also die Suche nach diesem gemeinsamen in uns verborgenen Schatz, der aber auf den Wegen des Lebens entdeckt werden will, eine Vielzahl von Formen an, die von den verschiedenen geistigen Strömungen geprägt wurden: die glänzende Perle des Zen, das vollkommene Kreuz, der schwarze Stein der Ka'ba, das heilige Gefäß des Grals, das rätselhafte Lächeln des Buddha, all diese Spiegel, die den Übergang »in die andere Welt« symbolisieren, in denen alle Bestrebungen nach einem im Diesseits wahrnehmbaren Jenseits Gestalt finden. Aber zunächst einmal bleiben sie stumm, eingemauert in den verworrenen Gängen einer Stille, die nur im Glauben erforscht werden kann. Wir selbst bringen sie zum Sprechen, die seltsamen

Träume der seltsamen, ein wenig verrückten Kinder, die wir sind.

Hesse wirft auch ein anderes Problem auf, das Problem der Stille der Initiation, einer jeden Initiation: Weshalb muß sie sich verbergen unter dem Siegel der Verschwiegenheit? Warum einen Akt als Geheimnis wahren, der dem Fortschritt dienen soll? Ist das zum allmählichen Enthüllen der Seele notwendig? Vielleicht. Wir sind in der Tat nur in bestimmten Augenblicken reif für eine Lehre oder eine Erfahrung. Ist es notwendig für den Zusammenhalt einer Sekte, einer jeden Sekte oder Gruppe, die vorgibt, eine Initiation in welcher Form auch immer zu praktizieren? Ja, sehr notwendig sogar. Daher auch das Mißtrauen, das das Geheimnisvolle weckt – klingt es denn nicht zu schön, um wahr zu sein? Trotzdem ist dieses in der Stille verborgene Geheimnis eine gewisse Zeit notwendig für die Entfaltung des Bewußtseins, denn es erlaubt, dem Geheimnis in uns näherzukommen.

Hermann Hesse sagt auch, daß er an den Vorzug der kleinen Anzahl glaubt ... Die Welt werde von einigen wenigen gerettet werden. Es stimmt ja, daß im Leben wie in den Romanen die Helden selten sind, daß sie ihre Mitmenschen überraschen. Die Geschichte wurde, allen Theorien von Marx und seinen Nacheiferern zum Trotz, immer nur von einigen Persönlichkeiten bestimmt. Die Menschheit wird immer gerettet, aber auch zerstört durch den Willen einiger weniger, die die Bewegung insgesamt bestimmen. Welche Namen fallen einem ein, wenn man darüber nachdenkt? Buddha, Mao, Christus, Marx, Lao Tse, Tschingis Khan, Napoleon, Sokrates, Churchill, de Gaulle, Gandhi, Mohammed,

Ramakrishna ... und vielleicht noch ein paar Philosophen, Dichter, Dramatiker, ein paar Könige, Minister und Krieger. Und ein paar Personen, die frei nach Pirandello »einen Autor suchen«: El Cid, Tristan und Isolde, Merlin und Melusine, König Arthur und seine Ritter, der kleine Prinz ... Die großen Erbauer und Zerstörer gehen einher in dieser Galerie erlauchter Köpfe mit den Mystikern und den Weisen. Letzten Endes ist es stets ein in der Stille des Bewußtseins gestaltetes Ideal, das die Geschichte prägt, sie bewegt und erzeugt ...

»(...) samt den Fügungen des Zufalls, die es dahingebracht. – Der Rest ist Schweigen.« so faßte es Hamlet zusammen, als er starb.

Und wenn Schreiben bedeutet, »den heiligen Mysterien der Existenz näherzukommen und sich eine Chance zu geben, die unserem Wissen auferlegten Grenzen zu bezwingen«[5], dann ist das Ziel beim Akt des Lesens das gleiche. Nur daß man dabei nicht so schwitzt! Obgleich das Lesen sich manchmal auch als ein Kampf, als eine Tortur für die Hirnhäute, ein Martyrium für den Lesenden erweisen kann. Vor allem aber ist es ein seltenes Glück. Wenn ich den Blick nach oben richte, sehe ich vor meinem Fenster einen noch vollen Mond, der durch die Äste eines Baumes hindurchscheint. Nur eine Fliege zieht ihre Kreise hinter mir, in der Stille der Bibliothek. Der Mond ist wunderschön. Und ich begreife, warum das Gedicht, das als schönstes der japanischen Literatur gilt, sich auf nur zwei Worte beschränkt, auf einen Ausruf, einen Namen:

»Oh, Matsushima ...«

Der Dichter war von der Schönheit dieser legendären Landschaft in Japan und von der Insel, die sich vom Wasser und vom Himmel abhob, so beeindruckt, daß er kein Wort mehr sagen konnte und dieser unsagbaren Schönheit der Natur stumm gegenüberstand. Trotzdem betrachtet man diesen Text, diese Stille, als sein Meisterwerk.

Es ist in der Tat schwierig, diesen schönen Mond zu beschreiben, der durch die Zweige hindurch scheint, und die zarten Eindrücke zu vermitteln, die er hervorruft.

Die ganze Kraft der traditionellen japanischen Haikus liegt übrigens im Unausgesprochenen:

»Ohne eine Spur zu hinterlassen,
bewegt sich die Ente auf dem Wasser,
Niemals vergißt sie ihren Weg.«

So schreibt der große Zen-Meister Dôgen kurz vor seinem Tod in seinen Gedichten des *San Sho Do Ei*. Mit wenigen Worten, die sich der Stille öffnen, schafft er die flüchtige Osmose, die man mit der Natur eingehen kann.

Denn, »die Bilder sind stärker als die Gedanken selbst...«, sagt Bachelard. »Die Poesie ist die Metaphysik des Augenblicks. In einem kurzen Gedicht muß sie eine Vision des Universums und das Geheimnis einer Seele, eines Menschen und der Gegenstände zugleich vermitteln. Wenn sie einfach der Zeit des Lebens folgt, ist sie weniger als das Leben, sie kann nur mehr sein als das Leben, indem sie das Leben zum Stillstand bringt, nur indem sie an Ort und Stelle die Dialektik der Freuden und Leiden durchlebt. Dann ist sie das Prinzip einer wesentlichen Simultanität, wo der zerstreuteste, der gespaltenste Mensch zu seiner Einheit zurückfindet.«[6]

»Die dunkle Nacht
Wird hell
Die Nachtigall singt
Allein zunächst«

Ein morgendliches Haiku. René Char sagte: »An manchen Tagen sollte man sich nicht scheuen, die Dinge zu benennen, die unmöglich zu beschreiben sind.« So ist es, denn dann weckt das bloße Gewicht der Worte im Leser ein Bild, nicht irgendeines, sondern ein sehr persönliches. Eine Spiegelung der gesprochenen Stille.

Im *Magazine littéraire* lese ich einen Bericht von Kenneth White über die Straßen geographischer und mentaler Territorien. Der schmale Weg in den hohen Norden führt nach Hokkaido. In Shirakawa, dem Ort der ehemaligen Grenzmauer, die früher einmal das zivilisierte Japan vor den barbarischen Volksstämmen des Nordens schützen sollte und wo es Tradition war, ein Gedicht zu schreiben, das den Mythos der Grenze und des fremden Gebietes zum Ausdruck brachte, vermerkt Ken: »Eigentlich war die Tradition so stark, daß viele Dichter ihr ›Shirakawa-Gedicht‹ verzapften, ohne jemals den Fuß dorthin gesetzt zu haben. Bashô hingegen ist dort gewesen, ohne ein Gedicht zu schreiben. (Es gibt ›poetische‹ Umfelder, an denen man lieber schweigend vorübergeht...) In der Nachbarschaft jedoch hatte er ein junges Mädchen in einem Reisfeld singen hören, und das

Bild des jungen Mädchens und die schlichte Melodie ihres Gesangs begleiteten ihn. Ich bin dort auch vorübergegangen, begleitet vom Geist des ›alten Meisters‹, ein paar nebelhafte Vorstellungen und das düstere Krächzen der Raben hatte ich im Kopf.«

Die Stille hilft, denn sie hält die Bewegung auf und erleuchtet sie. Sie schafft die Möglichkeit, eine Pause im Diskurs einzulegen, dessen eigenes *Mandala* entstehen zu lassen; die Stille bewirkt, daß man sein Gleichgewicht wiederfindet, daß man sich einen Weg zu bahnen vermag zu jener »so seltenen Welt des Jubilierens«, von der Michaux spricht. Weißes, glänzendes Feld.

Gewißheit der absoluten Leere. Ort der Bedeutung.

In *Reich der Zeichen* gesteht Roland Barthes zunächst, daß er keine andere Wahl habe, als mit der Sprache zu mogeln, da er weder ein Übermensch noch ein Glaubensritter sei. Dann aber sagt er: »Der ganze Zen, in dem das Haiku nur den literarischen Zweig darstellt, erscheint so als eine umfassende Übung, die darauf abzielt, der Sprache Einhalt zu gebieten, in uns diese Art von innerer Radiostation zu zerstören, die pausenlos sendet, und vielleicht ist das, was im Zen als *Satori* bezeichnet wird und was die Abendländer nur mit eher christlichen Worten übersetzen können (Erleuchtung, Offenbarung, Eingebung), nur ein panischer Stillstand der Sprache, der Moment, in dem die Herrschaft der Codes in uns plötzlich erlischt, der Bruch dieses inneren Rezitierens, das unsere Persönlichkeit ausmacht.«[7]

Was Barthes jedoch nicht sieht, ist, daß man kein Übermensch und kein Glaubensritter zu sein braucht, um in diesen Zustand zu gelangen und ihn zu erleben, einen Zustand, der keine Spur von Panik birgt, sondern eher ein Ozean der Ruhe ist.

Daher der Eindruck von *Totalität*. Innerliche, aber auch äußere Totalität. In seiner *Stillen Apokalypse*[8] zitiert Kenneth White den Satz eines indianischen Medizinmanns, den er auf einer Reise notierte: »Ganz plötzlich waren wir allein, inmitten einer riesigen weißen Ebene, und hohe schneebedeckte Berge starrten uns an. Es herrschte eine große Stille – aber man hörte ein Flüstern ...« Sein Kommentar dazu: »Das war der *Wichasa wakan* (der heilige Mann) eines Sioux-Stammes, der von seiner großen Vision, seiner Wintervision sprach. Für den Indianer ist der Winter alles andere als eine von Abwesenheit und Negativität gekennzeichnete Jahreszeit, er ist vielmehr die ›Jahreszeit der Geheimnisse‹. Die leere Stille einer verschneiten Landschaft lädt ein zur Konzentration, zur Meditation und eröffnet die Möglichkeit zur Entfaltung.

Diese Kraft und diese Fülle sind es, die dem modernen Menschen fehlen. Hin- und hergeworfen zwischen Bürokratie und Betriebsamkeit, zwischen Langeweile und Unterhaltung, unfähig, sich in einer Zivilisation ohne tiefere Kultur wiederzufinden, einer Kultur, die sich bemüht, ihre grundlegenden Mängel zu füllen oder zumindest zu verdecken durch viel Lärm, so flüchtet der Städter vor allem, was ihm als Leere erscheint, wo er vielleicht seinem ›ursprünglichen Gesicht‹ begegnen und es betrachten könnte; mehr oder weniger zufrieden, aber niemals glücklich, findet er Gefallen in einer wohl ausgefüllten Mittelmäßigkeit.«

Das Lesen ist oft eine Hilfe, wenn man wenigstens beginnen will, diesen Zustand, das heißt den Lärm, hinter sich zu lassen, um die Geheimnisse der Stille zu entdecken. Manche Bücher eignen sich besser als andere, um diese Meditation zu fördern. Jedem die seinen.

Von der Stille in den Büchern selbst muß noch die Rede sein. Zunächst von der Stille im Stil: der elliptische Stil, die Ungenauigkeit in der Darstellung, die abgehackten Dialoge, die berühmten Pünktchen ... lauter Unausgesprochenes, das zur Teilnahme aufruft, indem es Lücken, textliche Leere offenläßt, die das Bewußtsein des Lesers ganz nach Belieben füllen kann oder muß, Lücken, die jedoch zur Komposition des Ganzen gehören.

Es besteht auch eine Beziehung zwischen der Stille und der Zeit. Sie ist besonders spürbar, wenn der Zeitablauf in der Erzählung sich dramatisch beschleunigt, während sich der Held kaum weiterbewegt und stumm zusieht, wie Ereignisse und Empfindungen chaotisch über ihn hereinbrechen.

Das beste Beispiel findet man in *Der Fremde* von Camus, wo sich Meursault gleichzeitig in der Handlung befindet, die nahezu außerhalb von ihm abläuft, wie auch in der Stille. In diesem Welt-Bestseller ist jeder still: der Vater, die Mutter, die Araber, der Geistliche und der Erzähler. Die gewechselten Worte sind knappe Hinweise oder Schreie. Selbst die Mordszene wird von einer unerbittlichen Stille der Blicke beherrscht, von der Stille unter einer Fiebersonne – widersprüchlicher Kontakt, bedrohlich und höhnisch, der allein gebrochen wird vom Revolver, der seine Kugel mit einem jähen und betäubenden Knall ausspuckt – »und alles begann in dem zugleich harten und betäubenden Lärm«, während der Himmel sich »in seiner ganzen Weite [öffnete], um Feuer regnen zu lassen«.

Absoluter Bruch, Vernichtung, die zu einer erneuten Stille führt, zur Stille des Opfers, zu einem neuen Schweigen: Meursault ist jetzt allein mit seinen Gedanken, mit seinen Zellengenossen und seinen Besuchern, und dann kommt der Schlußschrei, den er aus voller Kehle herausschleudert, den er in Wut und Freude über den Geistlichen ausschüttet – »was ich auf dem Herzen hatte, goß ich zornig und freudig über ihn aus« – indem er ihn ermahnt, vor seiner eigenen Hinrichtung nicht zu beten, ihn nicht zu stören mit seinen hohlen Reden: einer anderen Form der Leere, einer unerträglichen, da sie die seine nicht füllt.

Das Unsagbare trifft sich mit dem Sagbaren. Vereinigt sich mit ihm, unaufhörlich, in der Tragödie wie in der Freude.

Eine Vielzahl von Autoren und Kritikern erinnert daran, daß, wie Moore es ausdrückt, »die Kraft des Sichtbaren im Unsichtbaren liegt«. Was man sieht, was man sagt, ist reich an dem, was man nicht sieht, was man nicht sagt.

Marguerite Duras verzögert in *Der Liebhaber,* um das bekannteste ihrer Bücher zu nehmen, mit ihrer Technik der Stille den Zeitablauf so sehr, daß man glaubt, eine andere Dimension zu erleben. Jede Geste hebt sich grell und fast unwirklich von diesem Hintergrund ab. Die so geschaffene Atmosphäre machte den Erfolg des Buches aus und bestätigte Sartre in seiner Meinung, der Stil sei die Stille des Diskurses, die Stille im Diskurs, das imaginäre und geheime Ziel des geschriebenen Wortes.

Alle Kraft eines Werkes liegt in dem, was der Autor an Unbenennbarem zu suggerieren weiß.

Es sollte noch erwähnt werden, daß die »kollektiven oder persönlichen Phantasmen mit der Stille zu tun haben. Sie stehen im Mittelpunkt des *Nouveau Roman,* nicht so sehr als Gegenstand einer direkten Beschreibung, die von vornherein eine einzige Verfälschung wäre, sondern als ein leerer Kern, um den herum das Schreiben kreist.«[9]

Manche Bücher handeln in einer Stille, deren Dichte an Intensität wechselt: so zum Beispiel *Das Schweigen des Meeres* von Vercors, wo nur der deutsche Offizier in die Stille hinein spricht: Er erhält keine Antwort von den Gastgebern wider Willen, dem Mann und dessen Nichte. Die Stille dehnt sich aus, quälend, sie ergreift Besitz von dem Raum und füllt ihn bis in die letzte Ecke aus. Alle ermessen sie pausenlos, diese Stille bei seinen abendlichen Besuchen in jenem Kriegswinter, und das innere Drama, das die drei Figuren miteinander verbindet, baut sich ganz allmählich auf. Abschied am Schluß. Adieu, das einzige Wort, das in diesem Roman der unmöglichen Liebe erlaubt ist.

Weiter noch in der atmosphärischen Beschreibung von Stille geht der wunderbare Roman *Das Ufer der Syrten* von Julien Gracq, wo die uralte Lagune am Rande der Welten und fernab der dröhnenden Zivilisationen nichts als Warten kennt. Wir könnten aber auch Beckett, Le Clézio, Kafka, Michaux, Joyce, Bataille, Klossowski oder Céline zitieren, die allesamt die Ausläufer dieser Stille festhalten, die als reinste, geheimnisvollste, klarste Form der Aussage empfunden wird. Und Henri Bosco, der die blau-graue Masse des Luberon, der hinter den Bäumen jenseits des Tals vor meinen Augen liegt, als »einen mächtigen Hintergedanken« sieht. Und Edgar Allan Poe und so viele andere, für die es »eine Stille mit zwei Gesichtern« gibt, »Meer und Ufer – Körper und Seele«. Für alle Dichter ist »allein die Ruhe groß, alles übrige ist Schwäche«. So Alfred de Vigny. Allesamt verweilen sie in Andacht vor dem von Baudelaire so geschätzten *Abgrund,* als wollten sie in uns etwas Unbekanntes wecken, was immer und doch niemals da ist, das letzte aller Geheimnisse:

> »Pascal hatte seinen Abgrund, der immer mit ihm ging – Ach! alles ist Abgrund, – Tat, Wunsch, Traum, Wort! und über das Haar meines Leibes, das steil sich sträubt, streicht häufig, ich spüre es, der Wind der Angst.
>
> Oben, unten, überall die Tiefe, der leere Strand, das Schweigen, der Raum, gräßlich und übermächtigend … Auf den Grund meiner Nächte zeichnet mit weisem Finger Gott einen vielgestaltig und rastlos wüsten Traum.
>
> Ich fürchte vor dem Schlaf mich, wie man vor einem großen Loch sich fürchtet, voll vagen Schreckens, das ins Ungewisse führt; ich sehe nur Unendlichkeit aus allen Fenstern,
>
> Und mein Geist, vom Schwindel stets umkreist, beneidet die Fühllosigkeit des Nichts. – Ah! nie den Zahlen zu entrinnen, nie dem Seienden!«[10]

Jeder Schriftsteller redet auf seine eigene Art von der Stille, Aldous Huxley sagt, daß sie »ebenso voll ist von Weisheit und Geist, wie der unbehauene Marmor reich ist an zukünftiger Form«. Aber, folgen wir R. L. Stevenson, kann diese Stille »mitunter die grausamste aller Lügen sein«, je nachdem, in welcher Situation sie angewendet wird.

Als sechzehnjähriger Junge mußte ich einmal mehr als zwei Wochen im Krankenhaus verbringen. Dort wurden mir lange Zeiträume von Stille zuteil, die ich lesend ausfüllte. *Erlebtes* von Victor Hugo und die fünf Bücher von Rabelais' burlesker Heldenchronik waren mein Lesestoff. Was mich am stärksten beeindruckte, war die seltsame Passage im dreiundzwanzigsten Kapitel von *Pantagruel,* in welcher der Held von einer früheren Freundin einen ungeschriebenen Brief erhält, ein weißes Blatt, die vollkommene Botschaft, die alles Denkbare enthält. Das hat mich tief beeindruckt. Ich sah darin ausgedrückt jenes Aleph, das J.-L. Borgès so sehr liebt, einen einzigartigen Ort der Verbindung, wo Gegenwart, Vergangenheit und Zukunft zusammentreffen. Stiller Augenblick des Ursprungs.

Ein leeres Blatt, worauf sich das Wort schreiben ließe, die Sprache, der Ton. Das Ge-sagte.

Der Sinn der Zeichnung

Einst wird man von der Stille wie von einem Menschen sagen hören.

Hans Arp

Ich schreibe und arbeite gern sehr früh am Morgen und verspüre daher nach dem Mittagessen oft das Bedürfnis, mich ein wenig auszuruhen. Ich muß nicht unbedingt schlafen; um Körper und Geist neu zu beleben, genügt es vollkommen, wenn ich mich an kalten oder regnerischen Tagen eine halbe Stunde in einem ruhigen Zimmer hinlege oder wenn ich mich draußen unter einen Olivenbaum setze und mich an seinen Stamm lehne. Das ist eine andere Art, Stille einkehren zu lassen, eine Stille, die sich entfaltet, sobald Körper und Geist ruhen. In diesem Zustand der Entspannung taucht unser Sein in eine Art Dämmerzustand, an dessen Oberfläche ein sehr diffuser, zugleich aber auch ein sehr klarer, sehr reiner Rest von Bewußtsein schwimmt – ähnlich wie das Flugzeug, das die Wolkendecke durchbricht und den gleißend blauen Himmel erreicht.

Die Geräusche der Umgebung dringen dann wie aus weiter Ferne zu uns, so als ob die Bewegungslosigkeit uns von ihnen entfernen würde, indem sie eine weitere Zone der Stille einfügt, einen Raum, in dem die Geräusche sich voneinander abheben wie einzelne Linien auf einer unbemalten Leinwand. Manchmal überkommt einen dann der Schlaf. Man fällt in ihn, er deckt zu. Aber ein erholsamer Schlaf muß kurz sein, sollte nur die Zeitspanne andauern, die man braucht, um »loszulassen«. Denn wenn man ihm vollkommen nachgibt, wird die Zeit bis zum langen und mühsamen

Erwachen zu wahrer Betäubung, die den Nachmittag verzerrt, ihn schwer und stockend vergehen läßt.

Der Kopf ist dann schwer bis zum Abend.

Der geniale Dali hatte dies sehr wohl erkannt. In seinen Ratschlägen an einen jungen Maler nennt er mit seinem *Geheimnis Nummer drei* ein amüsantes Beispiel für einen kurzen und wirksamen Mittagsschlaf, das wir hier ein wenig verkürzt wiedergeben. Er nennt es den »Schlaf mit einem Schlüssel«. Man setzt sich dazu bequem in einen Sessel mit Armstützen und läßt an deren Ende beide Hände herabhängen. Daumen und Zeigefinger der linken Hand müssen einen ziemlich schweren Schlüssel halten, der somit frei über einem vorher auf den Boden gestellten Teller hängt. Nach Beendigung all dieser Vorbereitungen »brauchen Sie nichts weiter zu tun, als nach und nach in den ruhigen Mittagsschlaf zu sinken: der geistreiche Tropfen Anislikör Ihrer Seele durchtränkt allmählich den Zuckerwürfel Ihres Körpers. Wenn Ihnen der Schlüssel aus den Fingern fällt, wird Sie der Lärm, den er beim Fallen auf den umgedrehten Teller verursacht, ganz gewiß aufwecken. Sie können ebenfalls sicher sein, daß dieser flüchtige Augenblick, in dem Sie kaum Ihr Bewußtsein verloren haben und von dem Sie nicht einmal mit Gewißheit sagen können, ob Sie geschlafen haben, vollkommen ausreicht, denn Sie benötigen keine Sekunde mehr zu Ihrer physischen und psychischen Wiederbelebung. Genau dieses Quantum Ruhe, nicht mehr und nicht weniger, brauchen Sie, bevor Sie sich am Nachmittag wieder Ihren tugendhaften Arbeiten widmen. Wenn Sie sich jedoch dem Weckgeräusch Ihres Schlüssels gegenüber taub stellen und noch eine Viertelstunde oder auch nur einige

Minuten länger verweilen, so schadet das Ihrer Arbeit, denn allein diese wenigen Minuten der Faulheit genügen, um Sie durch ihre Last für den Rest des Nachmittags ›zu versklaven‹. Es ist allgemein bekannt, daß es gewaltige physische Kräfte erfordert, den Mittagsschlaf, auch wenn er nur sehr kurz war, von sich zu schütteln.«[1]

Allein der Augenblick, in dem der Geist und folglich auch der Körper losläßt, ist wichtig, um sich wieder aufzuraffen. Freiwillige Aufmerksamkeit kann den Dalischen Schlüssel in wirksamer Weise ersetzen. Es genügt, seinem Bewußtsein im Wachzustand genaue Anweisungen zu geben, damit es im Schlafzustand zuverlässig gehorcht; das Aufwachen zu einer bestimmten, selbst festgesetzten Uhrzeit ist das beste Beispiel dafür.

In der Reihe der Techniken der Stille zeigt Dali eine weitere Möglichkeit auf. Es handelt sich dabei um den entscheidenden Moment, der am besten dafür geeignet ist, »ein Gemälde zu beginnen, ohne es zu berühren«. Ist das ein Scherz des Genies von Cadaquès? Nein. Jeder schöpferische Mensch weiß, daß dem Beginn eines Werkes unbedingt ein Augenblick der Konzentration, der Sammlung vorausgehen muß, in dem der Mensch sich der Stille öffnet, ein Augenblick der Nacktheit angesichts der unmittelbaren Realität. Der Schriftsteller vor seinem Blatt, der Musiker vor seinem Instrument, der Techniker vor seiner Maschine oder seinem Werkzeug, jeder kann auf seine Weise den Rat, den Dali jungen Malern gibt, befolgen: »Sie setzen sich nur vor Ihre Leinwand und betrachten deren unberührte, schneeweiße Oberfläche, so als ob Sie ihr in die Augen sähen. Sie betrachten sie lange, sehr lange, ohne Licht anzuschalten, bis Sie sie schließlich tatsächlich kaum mehr sehen. Sie wird immer mehr verblassen und nach Einbruch der Nacht können Sie sie überhaupt nicht mehr oder nur mehr ganz vage ihre Umrisse wahrnehmen.

Betrachten Sie sie ruhig weiter so, ohne schlechtes Gewissen, noch eine gute Viertelstunde lang, denn nur so wird ihr Geist am besten und entschiedensten arbeiten ...«[2]

Sicherlich findet in diesem besonderen Augenblick, in dem Schöpfungswerkzeug und Geschöpf miteinander verschmelzen, ein alchimistischer Prozeß der Inspiration statt, auch wenn dessen Folgen nicht sofort sichtbar werden. Denn die Wurzeln des Werkes wachsen unbewußt während dieses Augenblicks der in vollkommenener Klarheit erlebten Stille.

Georges Braque sagte einmal, als er über seine Kunst sprach: »Das Gemälde ist fertig, wenn es die Idee ausgelöscht hat.« Ich verstehe genau, was er damit sagen wollte. Alle Maler versuchen – und das ist sehr schwer – »ausschließlich für den inneren Kult einer verborgenen und geheimnisvollen Schönheit, die wir in uns tragen«, zu leben und zu schaffen, wie Georges Rouault es sich wünschte. Und jede Leinwand, jedes begonnene Werk ist wie ein Versuch, ein vollkommenes Bild zu malen, oder es als ein vollkommenes zu wollen, um es dann der Welt als Vision des Künstlers zu offenbaren. Wenn einmal die Idee, die die Vision bedingt, überholt, das heißt verwirklicht ist, geht der Maler zu einem anderen Werk über, dessen Umrisse er noch kaum ahnt.

Jedes Gemälde ist ein Existenzabschnitt. »Was der Künstler auch tut, immer schafft er ein Selbstbildnis«, sagt Giono. Eine Momentaufnahme seines Daseinszustandes. Eine Autovision: ein Apfel von Cézanne enthüllt uns Cézanne, ein alter Schuh von Van Gogh enthüllt uns Van Gogh. Jedes Bild, das wir in einem Museum, einem Atelier oder bei Freunden in einem Augenblick der Stille betrachten, egal wie lang, ist das Proträt eines Daseinsfragments, einer projizierten Vision. Es ist wie ein Anruf von außerhalb der Zeit, wie ein Schrei, der von Freude bis Entsetzen alle Klangfärbungen des Schreis annehmen kann.

Paul Valéry hatte beobachtet, daß »die Zeichnung den Eindruck des Willens erzeugt, und die Farbe bringt Magie«. Der Strich im Raum, den er umschließt, ist die Übersetzung eines Willens, der unseren Blick lenkt, und jede Farbe und Farbmischung schwingt und bringt ihrerseits unsere Sinne, unser ganzes Sein in Schwingung. Beim Betrachten eines Bildes öffnet sich eine Tür zu dieser schöpferischen Energie, die uns im Nu an den Ursprung der Schöpfung, dieses sich ordnende Chaos, führt.

Ein Gemälde von Pignon zum Beispiel, eine Kriegsszenerie, zusammengeschmiert aus an die Leinwand geworfenen, wilden, anarchischen Farben, taucht mich zunächst in das ursprüngliche Chaos. Es erzeugt das gleiche abstoßende Gefühl wie der auf den Boden gekippte Inhalt eines Mülleimers, in dessen Gestank Fliegen umherschwirren. Aber wenn ich es länger betrachte, und dazu bin ich gezwungen, da ich oft am Tisch dieses Freundes diesem Bild gegenübersitze, klärt sich der tiefere Sinn dieses Tohuwabohus, und ich trete ein in die Vision des Malers, der sein Grauen über das ständige Verbrechen an der Menschheit hinausgeschrien und dieses blutige Fresko gemalt hat. Zahlreiche Einzelheiten werden mir bewußt, die zunächst abstrakt sind, dann

Form annehmen und real werden. Mein Vorstellungsvermögen reagiert auf das des Künstlers, und während ich sein Werk still und aufmerksam betrachte, erteilt es mir seine Lehre, indem es in mein Bewußtseinsfeld eindringt. Als ich zum ersten Mal einen echten Van Gogh sah – war es im Museum in Basel oder in Genf? Ich weiß es nicht mehr, aber es war auf einer Reise in die Schweiz –, war ich buchstäblich außer mir, so wie eine Tür, die aus den Angeln gefallen ist. Ich muß damals achtzehn Jahre alt gewesen sein und kannte das Werk dieses Mannes, der sich sein Ohr abgeschnitten hatte, von Reproduktionen und verschiedenen Postkarten her. In einer Ecke meines Zimmers hatte ich sogar ein Plakat mit seiner wirbelnden, seiner wahnsinnigen Sonne hängen.

Aber als ich sein Gemälde *sah,* war ich zerschmettert. Diese in dicken Schichten aufgetragenen Ölfarben, denen man ansieht, wie hektisch sie aus der Tube gepreßt wurden – man fragt sich, wie sie haften können und sich nicht vom Untergrund lösen! Diese Art, die Farben aufzuspachteln und die Linie zu vergewaltigen, was zur Folge hat, daß man aus dreißig Zentimetern Entfernung vom Bild nur mehr ein Durcheinander aus zerfurchten Erhebungen in schreienden Farben erkennen kann und daß man ein, zwei Schritte zurücktreten muß, um das Bild, so wie man es aus den Büchern kennt, einigermaßen wiederzufinden! Dieses grandiose, wirklich einzigartige Werk bereitete mir an jenem schönen Tag ein heftiges Satori. Dies war mein Erwachen zur Malerei, und nun verstand ich plötzlich, wie wichtig es ist, die Gemälde im Original an Ort und Stelle anzusehen, weil sie nichts als eine vage Ähnlichkeit mit der gedruckten Reproduktion haben.

Man muß die Malerei körperlich und in einem Augenblick empfänglicher Stille aufnehmen, damit sie uns in die Augen und in die Seele springt. Aufschrei des Seins.

Ein Gemälde ist vollkommene Realität. Es ist aus dem schöpferischen Willen eines Erzeugers hervorgegangen, der mit der aus ihm herausbrechenden Malerei die weiße Leinwand befruchtet hat. Ein Kunstwerk betrachten grenzt an Wollust: Es reinigt uns, versetzt uns in einen anderen Zustand, verwandelt uns. Vor einem Kunstwerk können wir nur verstummen oder singen.

In der Londoner Nationalgalerie hängt ein Kunstwerk, für das ich das ganze Museum hergeben würde: *Der Drachenkampf des Heiligen Georg* von Paolo von Uccello. Auch dieses Bild hatte ich als Gymnasiast in meinem Zimmer hängen, es ist ein Symbol des Sich-selbst-Übertreffens, das mich anspricht. Und da, vor dem Werk, das so überraschend klein ist, gerade so groß wie meine beiden Hände, trifft mich etwas wie zwei Fausthiebe ins Gesicht oder wie zwei Schreie: der Kriegsschrei des Ritters, der, als er das Tier durchbohrt, den hemmungslosen und schrecklichen Schrei des Samurai ausstößt, und der des Ungeheuers, das mit schauerlich gurgelndem Gebrüll seinen Schmerz herausschreit, durch die tödliche Lanze, die seinen Körper durchbohrt, an den Boden geheftet.

Aus der Szenerie des wenige Quadratzentimeter kleinen Gemäldes tritt in phantastischer Weise das Wesen des kriegerischen Angriffs hervor, ebenso packend wie die Tötung eines Stiers in der Arena. Und die junge Frau, die den Drachen an der Leine hält, verklärt das Ganze.

Sprechen wir von den Aktbildern, von der Sinnlichkeit all dieser Akte, die von Rubens bis Modigliani, von Renoir und Manet bis Klimt und Schiele, von Goya bis zum Zöllner Rousseau, von Botticelli bis Max Ernst – um nur einige der Großen zu nennen – uns alle die Frau in ihrer überraschten Intimität zeigen, einer Intimität, die nicht berührt werden kann, die der Künstler aber in all ihrer Anmut, ihrem Glanz, ihrer Ausstrahlung, ihrem weiblichen Reiz entdeckt und festgehalten hat. Kurven, Schatten, samtweiche Haut, Blicke, Gesten – ihre festgebannte Bewegungslosigkeit sagt alles, sie braucht keine Worte.

Und all diese Madonnen mit Kind inmitten der Szenerie, die sie umgibt! Jedesmal wenn man sie betrachtet, machen sie auf zwei historische Augenblicke aufmerksam. Den der Geburt, in dem sich das sogenannte Menschengeschlecht immer wieder von neuem begründet, und den der Entstehung des Bildes. Dessen Einzelheiten und Ausdruckskraft uns durchtränken.

Zweimal in meinem Leben habe ich in Galerien gearbeitet, und seither besuche ich sie gern (nicht wenn dort Vernissagen stattfinden, sondern am späten Vormittag oder frühen Nachmittag, wenn sie fast menschenleer sind), so wie ich mich auch gerne in Malerateliers aufhalte, wo man das Werk in seiner Entstehung überraschen kann, wenn der schöpferische Wille sich mit Licht vermengt. Auch für Museen mit ihrem Geruch von Stille habe ich eine Vorliebe, für all diese Orte, an denen uns die Anhäufung von Kunstwerken ein wenig berauscht und wie der Peyotl-Kaktus unsere Augen verzaubert, was ich als das allerschönste Geschenk empfinde. Denn Kunst macht sehend.

Einer dieser recht unbekannten Plätze liegt mitten in Paris. Es ist das Cluny-Museum an der Kreuzung des Boulevard-Saint-Michel und des Boulevard-Saint-Germain, ein Palais, das im sechzehnten Jahrhundert auf den Grundmauern alter römischer Thermen erbaut wurde, deren Ruinen man im Kellergeschoß noch sehen kann. Die oberen Säle laufen alle auf einen Mittelpunkt zu, eine der überwältigendsten Stätten der Stille, die es auf der Welt gibt: einen weiten, runden Raum, ausgekleidet mit den Bildteppichen der »Dame mit dem Einhorn«. Seit meinem ersten Besuch an diesem Ort habe ich ihn als den eigentlichen Mittelpunkt von Paris betrachtet, den Ort der Initiation, viel mehr als den Saint-Jacques-Turm, der André Breton so viel bedeutete und der mich kalt läßt. Wobei Notre-Dame, dieses umgedrehte, auf Himmelsmeeren und Wolken dahingleitende Schiff, unumstritten das mystische Zentrum der Hauptstadt ist. Jede Stadt hat ihre Mittelpunkte, wir können sie nach Lust und Laune unserer Gefühle, unserer Intuition, unseres Blicks entdecken – entscheidend dabei ist das, was die Engländer *Feeling* nennen, nicht das Feeling der anderen, nein, unser eigenes, ganz besonderes.

Schon wenn man die Rotunde von Cluny durch einen der beiden Eingänge betritt, versetzt einen der Eindruck stiller Kraft in Erstaunen. Die großflächigen Bildteppiche sprechen alle unsere Sinne an, und man ist überwältigt von den unglaublichen Schwingungen, die von ihnen ausgehen. Alle Frauen, die ich wirklich geliebt habe – auch wenn es nur flüchtig war –, und einige Freunde habe ich dorthin geführt. Sie waren alle überrascht, verblüfft, ergriffen. Ich habe jedoch festgestellt, daß den meisten Vertretern der Pariser

Kulturwelt höchstens die Existenz dieses Ortes bekannt ist; seinen gewaltigen Pulsschlag haben sie nicht erspürt...

Jedes Kunstwerk birgt einen geheimen, ich möchte sagen geheiligten Raum, der es durchdringt und dessen Träger es ist, einen verborgenen Raum, der sich jenseits der sinnlichen Wahrnehmung nur dem erschließt, der es zu entdekken weiß, dem, der sein Wesen auf das Werk einstellen und in Einklang mit der schöpferischen Energie bringen kann. »Die Kraft des Schöpferischen kann nicht genannt werden. Sie bleibt letzten Endes geheimnisvoll. Doch ist kein Geheimnis, was uns nicht grundlegend erschütterte. (...) Wir können ihr Wesen nicht aussprechen, aber wir können dem Quell entgegengehen, soweit es eben geht«,[3] sagte Paul Klee, ein Maler der sich selbst als »abstrakt mit Erinnerungen« erlebte.

Nun sind wir also wieder an die Quelle der Handlung, an den Ursprung zurückgekehrt. Welches Geräusch verursacht die Quelle, bevor sie dem Fels entspringt? Wir nehmen es nicht wahr. Ein ähnliches Beispiel: Was sehen wir und was sieht der Maler in einer Landschaft? Die schönste Antwort darauf gibt uns Malewitsch:

»Wir sagen ›was für eine wunderbare Landschaft‹; das sagen wir, weil wir in weiter Ferne den unergründlichen Horizont sehen, in einem Blau, durch das hindurch Berge, Wälder, Weiten sichtbar werden, weil unten inmitten von Wiesen ein Bach fließt, weil Boote auf einem Fluß dahintreiben, weil auf einer Wiese Menschen spazierengehen, deren bunte Kleider hell aufleuchten...«[4] Aber der Maler, was sieht er in einer solchen Landschaft?

»Er sieht die Bewegung und die Ruhe des Gesamtbildes, er

sieht die Komposition der Natur, die Einheit der vielfältigen Bildformen, er sieht die Symmetrie und den Einklang der Widersprüche in der Einheit des Naturbildes. Er bewegt sich nicht und wird vom Strom der Kräfte und ihrer Harmonie getragen. So hat die Natur ihre Landschaft entworfen, ihr großes, vielseitiges Gemälde, dessen Gestaltungsabsicht im Widerspruch zur Gestalt des Menschen steht – sie hat die Felder, die Flüsse und die Meere verbunden, und mit Hilfe der menschlichen Form hat sie die Verbindung zwischen Tieren und Insekten vernichtet und so eine Abstufung der Formen auf ihrer schöpferischen Oberfläche geschaffen. *Eine solche schöpferische Oberfläche ist vor dem schöpferischen Auge des Künstlers aufgetaucht: seine Leinwand, eine Fläche, auf der seine Intuition die Welt entwirft*...«[5] eine Fläche, auf der er die Welt neu erträumt.

Für Hegel liegt der Geist der Religion darin begründet, »alles sein zu wollen«. Dies ist auch das Wesen des schöpferischen Vorgangs für den Künstler – diesen an den Felsen der Form geketteten Prometheus.

Das Sein und das Nichts – die Leere und die Form – erzeugen sich gegenseitig, sagen Lao Tse und das *Sutra der großen buddhistischen Weisheit.* Diese Grundidee, die man in jedem schöpferischen Prozeß nachvollziehen kann, kommt in ihrer Vollkommenheit in der chinesischen und japanischen Kalligraphie zum Ausdruck. Die Linie entspringt dem Nichts, läuft schwarz aus Feder und Duktus, benutzt vorübergehend den weißen Raum des Papiers, hebt wieder davon ab und verschwindet im Leeren. Rhythmus des Tun und Nichtstun, Zeitspannen des Da und Nicht-Da. An ihrer Grenze steht der Betrachter.

Nach jedem Herzschlag setzt Stille ein.

»Die eigentliche Aufgabe der Kunst ist es, sichtbar zu machen. Was? Das Unsichtbare hinter dem Sichtbaren ... Das Kunstwerk, Antithese der Angst – oder das Gleichmaß, Antithese des Schwindelgefühls – tritt aus dem Nichts, in dem es sich frei für das Offene hält, in Beziehung zum Sein und vollbringt das, was Heidegger *›das Wunder aller Wunder‹* nennt, nämlich *›daß Seiendes ist‹*.«[6]

Vor jedem Werk muß man gegenwärtig sein im Heideggerschen Sinne des *Daseins,* einer absoluten Gegenwärtigkeit, die »bedeutet, seinen Halt im Nichts zu haben«. Sich einem Werk gegenüber richtig zu verhalten heißt, still zu verweilen in der Betrachtung des von der Hand eines Wesens geschaffenen Objekts. Das erfordert außerdem, daß man sich in das versetzt, was Kandinsky »das Prinzip der inneren Notwendigkeit«[7] nennt, dieses Sich-Öffnen, diese innere Aushöhlung, die den Eintritt, das Eindringen einer anderen Energie ermöglichen.

Und wenn nun »der Künstler (...) jede Form zum Ausdruck brauchen« darf[8], dann kann auch der Betrachter irgendeine künstlerische Ausdrucksform verwenden, um dem, was die Kunst ihm zu sagen hat, zuzuhören. Die Wahl bleibt ihm überlassen.

Gestaltet aber der Künstler seine Modelliermasse und seine bildliche Darstellung mit allen Fasern seines Körpers, seiner Eingeweide und seiner Launen, so ist auch der Betrachter eine Summe von Elementen, aus denen er zusammengesetzt ist. Diese Summe von Elementen verursacht einen derartigen Lärm, daß dieser Lärm des Karmas zuerst zum Schweigen gebracht werden muß, bevor das Zuhören, die Begegnung, die eigentliche Osmose sich verwirklichen können. In uns, den Betrachtenden.

Warum existiert etwas anstelle von nichts? Die Antwort liegt nun vor uns.

Alles hängt von der Betrachtungsweise ab.

So wie das Photo ein bis ins Unendliche reproduzierbares Negativ eines einmaligen Augenblicks ist, denn dieser wird nie wiederkehren, so ist das Kunstwerk vergleichbar mit dem Abguß einer Suche nach Vollkommenheit. Einmalig. In einem Detail, einem Schimmer wollte es das Unfaßbare fassen ...

Sinnbilder des Heiligen – die Sprache der Ruinen

... sollte ich wirklich vom Leben gekostet haben,
wenn ich nur gehört und gesprochen hätte,
das sehr Wertvolle, von dem ich weiß, bleibt
in der Stille verhaftet.
Nein, weder die Welt noch die Erfahrung
noch die Philosophie noch der Tod
lassen sich einsperren im Theater, im Gericht,
auch nicht in einer Lektion.

Michel Serres
Die fünf Sinne

Das eindrucksvollste Bild, das ich von einer Reise nach Afghanistan im Jahre 1972 noch vor Augen habe – nur einige Jeeps russischer Bauart zeugten damals vom Einfluß der Sowjetunion –, war das der Betenden, denen man überall begegnete. In einer Landschaft von mächtigen Bergen trafen wir ständig auf bärtige, Turban tragende, in bunte Fetzen gehüllte Afghanen, die für einen Augenblick ihr Gewehr, von dem sie sich sonst nie trennten, beiseite legten, um einen kleinen Teppich auf dem steinigen Boden, der Stätte ihres Tempels, zu entrollen, und sich gen Mekka neigten.

Unter dem strahlend blauen Himmel war es kalt, zehn, fünfzehn Grad unter Null, und sie unterbrachen ihren Marsch fünfmal am Tag und beteten. Wortlos.

In Afghanistan habe ich verstanden, was der Begriff »erhaben« bedeutet, denn von ihrer Haltung, ihren Gesten, ihren Blicken, ihren sorgfältig geflicken Lumpen, ihrer Gastfreundschaft, die in ihrer Armut so großzügig war, ging eine Würde aus, der ich später nie wieder begegnet bin. Und ich weiß, daß sie unter den Splitterbomben, trotz des Hungers im Bauch, trotz des ungleichen Krieges, eines Tages siegen werden, denn sie leben im Einklang mit ihren Bergen wie die Vietnamesen im Einklang mit dem Dschungel, mit dem Geist ihrer Umwelt lebten, und trotz aller Strapazen beten sie weiter. Verneigen sie sich vor dem Geheimnis der Schöpfung. Verbeugen sie sich vor dem, was über ihnen steht.

Ein Teppich genügt, um einen Tempel zu schaffen.

Wie es so manche Spuren in der Sahara bezeugen, genügt ein Kreis aus Steinen im Wüstensand.

Vier Mauern und ein Dach kann man hinzufügen und eine Tür, damit die Geste des Öffnens und des Schließens vollbracht werden kann. Statuen, Bilder braucht es nicht, es sei denn, wir wollen den Mittelpunkt der Stätte des Gebets und das Zentrum in uns versinnbildlichen. Dasselbe gilt für den Altar: Ein bloßer Tisch aus Stein genügt.

Das Deuteronomium (XXVII, 5) und das Buch der Könige (I,VI, 7) schreiben uns vor, nur rohe Steine für den Altar zu verwenden und den Tempel mit schon im Steinbruch bearbeiteten Steinen zu erbauen, damit die Arbeitsgeräte aus Eisen während der Errichtung keinen Lärm machen – Ratschläge, an die sich Baumeister und Maurergesellen im Mittelalter beim Bau der romanischen Kirchen hielten.

Eigentlich müßte sogar der Grundstein des Tempels genügen, dem man einen kosmischen Wert beimißt und der mit dem Stein Bethels verglichen wird, auf den Jakob sein Haupt gelegt hatte. Er träumte von einer Leiter, die mit der Spitze den Himmel berührte, und dann wurde ihm die Offenbarung zuteil, durch die das Volk Israel begründet wurde. Jakob erwachte: »Furcht überkam ihn, und er sagte: Wie ehrfurchtgebietend ist doch dieser Ort! Hier ist nichts anderes als das Haus Gottes und das Tor des Himmels. Jakob stand früh am Morgen auf, nahm den Stein, den er unter seinen Kopf gelegt hatte, stellte ihn als Steinmal auf und goß Öl darauf. Dann gab er dem Ort den Namen Bet-El (Gotteshaus).« (Genesis XXVIII, 17–19). Diese *Massebe,* der aufgerichtete Malstein, den Jakob weiht, ist das Zeichen einer prähistorischen

Handlung, die den Tempel, jeden Tempel begründet. Sie kennzeichnet nur den Ort, an dem eine Stätte aufgrund einer besonderen Offenbarung heilig geworden ist. *Menhir...*

Danach wird man die Fläche, die den Stein umgibt, bebauen, man wird sie abgrenzen, um einen Gebetsbereich zu schaffen, einen Ort, an dem sich die Aufmerksamkeit ganz auf die Anrufung und die Stille des Herzens richten wird. Kreise, Quadrate, Dreiecke aus Steinen erweitern den Grundstein und werden zum absoluten Symbol der Gegenwärtigkeit des göttlichen Raumes – eine Vorwegnahme des himmlischen Jerusalem. An dieser Stätte, die an sich bereits Mittelpunkt ist, legen der Altar und das Tabernakel einen zweiten Mittelpunkt fest, als ob der Geist in konzentrischen Räumen zum Geheimnis der Stätte, zum Geheimnis des Seins vordringen müßte.

Hinzu kommen dann die Gesten des heiligen Rituals.

Blumen, Statuen, Kerzen, Lampen, Weihrauch sind symbolisches Werkzeug, beschwörende Zeichen, Mittel, die Aufmerksamkeit auf das Geheimnis zu lenken, das anwesend, das in uns ist. Magie einer Atmosphäre, die den Geist vom Alltäglichen loslösen kann, um ihn mit anderen Sphären, die sich auch in unserem Selbst befinden, in Verbindung zu setzen.

Natürlich stellt sich allen großen Weltreligionen sehr bald das Problem, daß den rituellen Gesten der Vorrang eingeräumt wird. Diese fixieren zwar das Bewußtsein auf das, was man die »Richtung zum Geheiligten« nennen könnte, sie richten es auf diese spezifische Empfindung, aber sie können auch Ritualformen entstehen lassen, die die gesamte Wahrnehmung erfassen und durch ihren Prunk und ihre

Worte die Religion ihres wahren Sinns entleeren, der eigentlich in der Stille besteht, der wahren Wurzel des Gebets. Ohne die Stille ist kein echtes Gebet möglich. Natürlich muß man stumme und klingende Worte, Zeugen einer Erwartung, einer Hoffnung, eines Kummers, einer Freude ausdrücken können, aber dabei darf man nie vergessen, was hinter diesen Worten steht.

Das im Geist verankerte Götzenbild ist am schwierigsten zu zerstören. Man muß über das Bild hinausgehen, sowohl über das äußere Bild wie über jenes, das man in sich trägt. Das Absolute braucht keine Bilder, um existieren zu können, denn es gibt seinen Sinn selbst weiter; das Bild unterdrückt es, sperrt es ein, beschränkt es. Das Abbild der Gottheiten, um welche es sich auch handeln mag, sollte lediglich als Mittel der Offenbarung und archetypischen Darstellung des Laufs der Dinge, der wesentlichen Kraft, wie eine Photographie des Windes, betrachtet werden.

Ständig lauern auf uns die Fallen, die die Freiheit der wirkenden Energie einfangen wollen. Stets will man feste Formen schaffen.

Die Energie, die durch die Metamorphose des Kunstwerks zur Materie wird, ist eine sehr schöne Sache. Aber wenn der Geist des Zuschauers einer Übertragung beziehungsweise einer Fixierung auf eben dieses Werk zum Opfer fällt, anstatt dieses Werk als Sprungbrett zu nutzen, als eine Tür, die man öffnen kann, dann wird er träge. Er erstarrt.

Wie es auch der gängige Ausdruck »Mein Gott..« bezeugt, ist man ständig bestrebt, etwas einzufangen, zu besitzen, sich zu eigen zu machen. Dennoch lehrt uns die Erfahrung des Heiligen, daß es in der Transzendenz der Formen weder ein *Ich* noch ein *Mein* gibt. Als Ramakrishna, ein großer indischer Weiser des vergangenen Jahrhunderts, von den Knoten des Geistes sprach, gebrauchte er Formulierungen, die selbst ein Jahrhundert später nichts von ihrer Brisanz verloren haben:

»Die ganze Welt könnt ihr besichtigen, die wahre Religion werdet ihr nirgendwo finden. Sie existiert für euch einzig und allein in euren Herzen. Derjenige, der sie nicht in sich trägt, wird sie auch nicht außerhalb finden. (...) Die Idee eines individuellen und besitzergreifenden Ego, das ist als würde man dem Ganges ein wenig Wasser entnehmen und diese kleine Menge Wasser seinen eigenen Ganges nennen. (...) Weder die Sonne noch der Mond können sich klar in schlammigem Wasser spiegeln. Ebenso kann sich die Seele der Welt nur dann in uns verwirklichen, wenn der Schleier der Illusion beseitigt ist, das heißt, wenn ›Ich‹ und ›Mein‹ ihren Sinn verloren haben. (...) Die Sonne erleuchtet die Erde, aber eine kleine Wolke genügt, um sie vor unserem Blick zu verbergen. (...) Wenn ihr ganz allmählich eine Zwiebel schält, findet ihr immer neue Schalen, und doch werdet ihr niemals zu einem Kern gelangen: Wenn ihr das Ego analysiert, verschwindet es vollkommen. Was als letztes bleibt, ist Atman, das absolute Bewußtsein.«[1]

Die Form kann schön und notwenig sein. So gefallen mir Statuetten jeglicher Art, und in einer christlichen Kirche sagt mir die Jungfrau Maria, diese Magna Mater, die wahre kosmische Göttin, mehr als das Kreuz mit seinem Korpus, das genauso düster ist, wie es manchmal, oft sogar, nein ständig, unsere Welt ist. Dem Bild des auferlegten und ertragenen Leidens ziehe ich das Bild des Trostes, das Bild der

Mutter, der Mutter Universum, aus der wir alle stammen und zu der wir alle zurückkehren werden, vor. Ich weiß, daß das Kreuz auch ein Symbol der Vereinigung der Gegensätze und der Auferstehung ist, wie es ein griechischer Kirchenvater des siebten Jahrhundets, Andreas von Kreta, gespriesen hat: »O Kreuz, Versöhnung des Kosmos, Höhe des Himmels, Tiefe der Erde, Raum alles Sichtbaren, Weite des Universums.« Doch muß es in einem Quadrat, also einem Kreis, stehen, wie das griechische Kreuz mit seinen gleichlangen Balken, denn das Symbol steht dann für eine aktive Ganzheit. Sonst steht es nur für den Leib, der durch das Böse, den Schmerz und den Tod gekreuzigt worden ist.

Dagegen ist das Symbol der Jungfrau, mit dem Sternenkranz, die ihr Kindlein stolz der Welt entgegenstreckt, wunderhübsch. Das Wesentliche kommt darin zum Ausdruck: Auch wenn es den Tod gibt, muß man das Leben verteidigen. Und um die Quelle dieses Lebens zu finden, müssen wir wissen, wie wir diese subtile Stille in uns finden können, die sich nicht aus Bildern zusammensetzt und keine Spuren hinterläßt. Vielleicht hat die meistverbreitete Darstellung des Buddha in seiner Ruhe, die von seiner Körperhaltung und seinem glückseligen Lächeln ausgeht, nur deshalb eine so starke symbolische Wirkung, weil er uns genau davon erzählt – von dieser Stille, die auch der rätselhaften Mona Lisa zu eigen ist.

Man kann von einer Moral, einer Ethik, einer Naturreligion träumen, die sich in unserer mit Information und Lärm überfluteten Welt auf die Weiten der Stille begründen könnte.

Wenn man auf Reisen ist, wenn man spazierengeht, trifft man auf seinem Weg stets auf Stätten, die ein intensives Gefühl hervorrufen, das man zumeist absolut nicht definieren könnte. Es gehört in den Bereich des Unaussprechbaren, des Nicht-Mittelbaren.

Es nimmt das ganze Wesen ein und löst einen subtilen, geheimnisvollen Eindruck aus. Erinnern Sie sich an gewisse Landschaften, gewisse Ruinen, erinnern Sie sich an die Ergriffenheit, die sich dann des Menschen bemächtigt...

Was ist das? Die überwältigende Kraft der Schönheit? Die Seele der Natur, die mit uns eins wird? Die Heraufbeschwörung der Geschichte? Der Geist des höheren Ortes? All dies zusammengenommen?

Jedenfalls prägen sich jene Momente als Ausnahmezustand in die Erinnerung ein, Zustände der Wahrnehmung nicht etwa einer anderen Wirklichkeit, sondern des unsichtbaren Geheimnisses der Wirklichkeit. Momente intensiver Erfülltheit.

So gesteht Mircea Eliade in seinen *Tagebuchfragmenten,* daß Brügge der Ort gewesen sei, an dem er entdeckt habe, »wie sehr die Vorstellungskraft schöpferisch werden kann, wenn sie vom äußeren Rahmen [wie von jedem Kunstwerk] angeregt wird und daraufhin den Weg zu einer echten ›Renaissance‹, mit anderen Worten zu einer Regenerierung des ganzen Wesens, ebnen kann«[2].

So erinnere ich mich zum Beispiel an jenen Wintertag, an dem wir, mein Freund, der Maler Antonio Taulé, und ich, bei einer langen Wanderung im Département Yvelines, nicht weit von einem alten Dorf namens Villeconin entfernt, bis zu den Ruinen einer mittelalterlichen Burg auf einem Hügel gekommen waren.

Mauerreste im Wald.

Wortlos durchschritten wir diese Natur, in der der Geist der Geschichte lebt. Und Antonio sagte, als wir uns schon wieder entfernen wollten: »Manchmal ist die Stille so intensiv... Bist du dir dessen bewußt... Gerade sind wir über die Steine dieser Burg gegangen, diese prächtigen Ruinen mit dem frisch gefallenen Schnee und der wilden Natur. Die Stille ist hier so schön, daß es schwierig wird, dieses tiefe Bewußtsein in Worte zu fassen...«

Manche sprechen von einer Art Gedächtnis der Steine. Woran sollten sie sich denn erinnern? An den Tagesablauf? An die langen Abendstunden am Kamin? An die unzähligen Geburten und Todesfälle im Lauf der Jahrhunderte? An jenen Sonnenstrahl, der an einem Adventsonntag auf das Brokatkleid der Tochter des Schloßherrn fiel, die auf ihrem weißen Roß vom Ausritt zurückkehrte? Dieser Sonnenstrahl zauberte ihr eine goldene Aura herbei, die Fürsten und Dienerschaft staunen ließ. An die stürmische Liebesgeschichte, die sie mit dem Sohn eines verfeindeten Fürsten verband? Oder an diese entsetzliche Belagerung im Jahre 1373, als die ausgezehrten Überlebenden eines Nachts durch den unterirdischen Geheimgang, der seitdem zugemauert ist, aber von dem man noch spricht, aus der Burg fliehen mußten? Die Burg fiel dann einem Brand zum Opfer, wurde eine Generation später wieder aufgebaut. Können sich die Steine an große Ereignisse, so wie sie hier meiner Vorstellungskraft entspringen, erinnern? Sind sie von irgendwelchen Schwingungen geprägt?

Jedenfalls ist eine schöne Ruine in einer leicht verwilderten Umgebung romantisch und poetisch. Die heutige Zeit steht mit ihr in so großem Kontrast, daß sich uns auf einen Schlag die Tore zur Vergangenheit öffnen. Und dann weckt die Berührung der Vergangenheit auch unsere Kinderseele auf, und alles, was wir an historischen Romanen, Erzählungen, Legenden und Märchen gelesen haben, an Mantel- und Degenfilmen gesehen haben, alles Mysteriöse aus Abenteuer und Reise zieht flüchtig an uns vorüber. Und diese Mauern, dieser Bergfried, der noch mit seinen Pechnasen dort steht, diese Treppe, die ins Leere führt, diese Schießscharte, die talwärts weist und genau auf diese Kurve des tiefer gelegenen Weges ausgerichtet ist, und etwas weiter entfernt die monumentalen Überreste eines Kamins, in dem ganze Bäume verbrannt wurden, all dies sind Auslöser für schwärmerische Träumerei.

Alte Steine.

Funktionieren sie etwa wie das Gehirn eines Alten, das vom Leben nur den flüchtigen Eindruck eines Traums mit einigen undeutlichen Erinnerungen bewohnt, die es ständig wiederholt?

Spätnachmittags in Oppède-le-Vieux. Ein mittelalterliches Dorf ohne jede elektrische Leitung, der ideale Drehort für einen historischen Film.

Es regnete. Ein feiner, hartnäckiger, aber lauer Regen, der von einem recht milden Wind herangetragen wurde. Der Ort war menschenleer. Mit Jean-Yves Leloup statteten wir Jean-Paul Clébert einen Besuch ab. Bevor wir mit ihm die Stille der Einsiedler und ihre entschlossene Suche nach dem Absoluten aufleben ließen, brachten wir meine Gefährtin, eine

Freundin und meine Tochter bei ihm unter und gingen ein wenig spazieren.

Kein Mensch war zu sehen. Die Landschaft war wirklich perfekt. Die von den Jahren und vom Wasser polierten Steinstufen, die die Gassen des Dorfes strukturierten, glänzten vor Feuchtigkeit. Oppède ist kein heiliger Ort, eher eine Art Festung, von der aus der blutrünstige Schloßherr Maynier mit der Unterstützung des königlichen Gerichts von Aix zum Kreuzzug gegen die Waldenser rief und von der aus er ihre Dörfer brennen sah. Eine Festungsanlage mit ihren Haupt- und Nebengebäuden, in der die verschiedenen Bauten im Laufe der Jahrhunderte sich an- und aufeinander stützten. Und doch war in der sanften Stille des niederfallenden Regens der großartige Zauber zu spüren.

Wir gingen zur Kirche hinauf. Sie war geschlossen. Die Tragik dieser Gegend, daß man die Kirchen auf dem Lande nicht mehr betreten kann, um sich in Stille und Andacht zurückzuziehen. Ja, ich weiß, die Diebe. Man bräuchte die Wertgegenstände und die wenigen wertvollen Statuen nur an einem anderen Ort zu verwahren, um diese Stätte – wenigstens tagsüber – nicht abschließen zu müssen. Denn ein leerer Raum spricht, ein leerer Raum genügt, um uns in einen Zustand zu versetzen, der uns eine andere Art von Aufnahmefähigkeit eröffnet.

Auf dem Vorplatz steht ein keltisches Steinkreuz. Das Cavaillon-Tal verschwindet im Dunst. Wenn wir nach oben blicken, können wir das Schloß erahnen. Zumindest das, was von ihm übriggeblieben ist. Und auf einem Weg, der durch Gestrüpp führt, steigen wir zu ihm empor, kommen in einer Art Halle an, die dem Regen ausgesetzt ist, dem Urtyp einer Halle, denn wären nicht diese zwei aufrechtstehenden Mauerreste und die Seitenteile eines hohen Fensters, so könnte man die Mauern nur erahnen.

Nur der Fensterbogen grenzt den Raum ein. Die Aussicht geht geradewegs auf das nahegelegene Luberon-Gebirge, auf eine zerklüftete Landschaft riesiger Pinien und Zypressen; sie wiegen sich im Wind zwischen den gigantischen grauweißen Felsen, an denen sich Dunstschleier zerreißen. Versteinert stehen wir außerhalb der Zeit, außerhalb aller Zeit.

Hinter uns das Geräusch von rutschendem Geröll. Sieh da, ein Tourist, der sich verirrt hat! Sieht ganz nach einem Engländer aus mit seiner Baskenmütze. Wir lächeln ihm zu und wenden uns wieder unserer stillen Betrachtung zu. Dann drehen wir uns um.

Es ist verschwunden. Merkwürdig, haben wir ihn doch nicht hinabsteigen hören. Verwundert suchen wir in der Halle einen Ausgang und entdecken in einer Ecke ein Loch in dem, was von einer gewölbten Decke übriggeblieben ist, ungefähr drei Meter vom Boden entfernt. Wir klettern die Mauer hinauf, steigen durch das Loch und kommen auf einer Plattform oben auf dem Überrest eines Turmes an, der schwindelerregend in die Leere ragt. Ein erneuter erschütternder Anblick.

»Phantastisch«, ruft der Engländer aus, bevor er sich wie ein Affe durch das Loch hinunterzwängt. Er hat alles gesagt, es gibt nichts hinzuzufügen.

Als wir wieder hinabsteigen, stoßen wir auf einen durchbohrten, sitzförmigen Stein, der an der Mauer angebracht ist. Wir brechen in Gelächter aus. Er stammt aus früheren Zeiten und erinnert uns jetzt daran, daß Generationen von Männern und Frauen, Kindern und Greisen täglich dieses Plumpsklo benutzt haben. Als wir uns aus einem daneben gelegenen Fenster beugen, stellen wir fest, daß der Fels unterhalb der Mauer ganz genau an dieser Stelle eine lange, schmale, durch Abnutzung gelbe Spur trägt, die sich in den weiter unten wachsenden Hecken verläuft.

Die Stille der Geschichte hat uns soeben einen denkwürdigen kleinen Streich gespielt.

An den Ruinen haften Bruchstücke ihres vergangenen Lebens. Jedes Gebäude spricht durch seine Funktion: in einem alten Bauernhof wird man Pflugscharen, Eggen, Werkzeug mitten auf den Wegen liegen sehen. Späht man durch das Schlüsselloch einer alten Kirchentür, wird man Betstühle, ein Kreuz, eine Statue der Heiligen Jungfrau mit dem Jesuskind erblicken. Und in den Städten braucht man sich nur einmal diese Häuser anzusehen, die zum Teil von einem Bulldozer niedergerissen worden sind. Die stehengebliebene mittlere Mauer ist viele Monate lang, bis die Bauarbeiten weitergehen, ein phantastisches Gemälde, von dem man so viele Dinge ablesen kann: bunte Tapetenfetzen, Kaminrohre, die in Bündeln himmelwärts streben, verschiedene Spuren, manchmal auch intimere Einzelheiten, ein Spiegelrest über einem Waschbecken, hängengebliebene Photos, Kinderzeichnungen. Bilder aus einer anderswohin entschwundenen Welt.

Die Stille der Ruinen und der verlassenen Häuser hat etwas Pathetisches an sich. Und was uns daran so beklemmt, hat auch mit der Gegenwart des Todes zu tun. Wir besichtigen Skelette, und deshalb geht unser vorsichtiger Besuch immer mit einem weihevollen Gefühl einher. Wir dringen nämlich in das Reich der Leere vor, in den Bereich des Todes; in das Königreich der Abwesenheit.

Und doch ist diese Abwesenheit Gegenwart.

Das Leben quillt aus allen Ritzen hervor, das Leben erblüht inmitten der Trümmer, die vom Unkraut überwuchert werden. Ein bedeutsames Geheimnis ruht in den Ruinen, wir wissen es.

Ein doppeltes Geheimnis: die Unbeständigkeit der Welt und ihre ständige Veränderung.

Nichts bleibt, alles verändert sich. Das ist die Lektion der Geschichte.

Bedeutsam ist, was sich vom Geist dieser Stätten in uns widerspiegelt.

Menschenleere Stätten, ihr seid stumme Zeugen der Abwesenheit und der Gegenwart.

In meiner Kindheit, die ich in der Türkei verbracht habe, sind wir oft in die heilige Stadt Konya gefahren. Und auf dem Weg dorthin, inmitten einer riesigen, wüstenartigen, mit Steinen übersäten Ebene erhob sich eine alte Karawanserei. Ein gewaltiges Gebäude aus dem Mittelalter, das den Karawanen Unterkunft bot. Da sie sich auf halbem Wege unserer Reise befand, war sie eine ideale Ruhestätte. Zusammen mit meinem Vater, einem leidenschaftlichen Archäologen, gingen wir in ihr herum. Innen war sie weitläufig wie eine Moschee, und Überreste von Feuerstellen verrieten, daß sie ständig benutzt wurde. Pilger und Reisende übernachteten vermutlich noch immer hier. Und in diesem Gebäude lebten die durchziehenden Karawanen vergangener Zeiten weiter.

Wie auch in all jenen Ruinen der Antike, die ich in meiner frühesten Jugend besichtigt habe, die damals in einer wirklich wilden Natur versteckt lagen; manchmal entdeckte man sogar welche, die nirgendwo verzeichnet waren, Theater und Tempel, deren Sitzränge und Säulen noch immer von der Bau- und Spiellust der Menschen und auch von ihren Hoffnungen zeugten.

Tote Städte, in denen die Katzen herumstreunten. Die Touristen besichtigten sie jetzt im Sturmschritt – neuartige Belebung einer alten Kulisse. Aber dem menschenüberfüllten Pantheon zog ich damals schon den kleinen griechischen Tempel vor, der in einer sonnenüberfluteten Landschaft allein dastand, eine Oase der Ruhe und der Kühle. Davon ist mir etwas geblieben: ich reise immer außerhalb der Tourismus-Saison, damit ich diese reine, ursprüngliche Magie der Stätten wiederfinde, die ohne Worte zu unserer Seele spricht.

Der Begegnung mit diesen Gebäuden aus der Vergangenheit wohnt manchmal etwas von Vorherbestimmung inne, in dem Sinne wie André Breton den Begriff »objektiver Zufall« und Carl Gustav Jung den der »Synchronizität«[3] gebrauchte. Gemeint ist der bedeutungsvolle, beunruhigende Zufall.

Jung entwickelte die Idee einer fortwährenden und sukzessiven Schöpfung, da er im Ablauf der Zeit die ewige Gegenwart des einzigartigen Schöpfungsaktes sah, die so unentwegt für eine Art kreativer Ordnung im Werk inmitten einer *Unus Mundus* sorgt, einer einzigartigen und einheitlichen Welt, aus der die gesamten Kräfte und die Vielfältigkeit der Phänomene nicht nur hervortreten, sondern die, eben durch ihr Dasein, diese Welt ausmachen und am Leben erhalten. Geschaffene und schaffende Materie, befruchtete und befruchtende Substanzen, die vergehen und sich auf anderen Wegen endlos fortsetzen. In dieser Welt ist alles verbunden, alles miteinander verwoben. Wenn ich vom Zufall spreche, bediene ich mich lieber einfacher Definitionen wie: bedeutungsvolle Koinzidenz, synchrone Umstände, simultane Beziehungen; oder warum sollte man nicht auch von *Correspondances* sprechen, die Baudelaire so am Herzen lagen? Jeder von uns erlebt sie im Alltag. So bleibt die Tatsache, daß ich an einen bestimmten Menschen denke und er mich anruft oder wir uns zufällig auf der Straße begegnen, die typische Form dieser Art Begebenheit, die das Vorhandensein eines telepathischen Kanals in uns beweist, der übrigens mit dem zusammenfällt, was man Intuition nennt. Und deren Stille.

An geweihten Stätten nimmt das Wort »Begegnung« noch einen anderen Sinn an. Sie versetzen unseren Geist in einen unaussprechbaren oder nur in poetischen Worten faßbaren Zustand der Kommunikation, einen Zustand, durch den Tatsachen, die in uns verschüttet sind und die wieder zum Vorschein kommen mußten, in unser Bewußtsein gerückt werden. In den Ruinen und verlassenen Stätten spiegeln sich oft bestimmte Teile von uns wider – denn diese Art von Orten hat etwas an sich, das besonders das Meditative, das in jedem von uns schlummert, weckt.

Vor einigen Jahren, nachdem ich eine schwere Krise, eine Tragödie der gebrochenen Herzen, das Drama unangemessener und falsch verstandener Liebesprojektionen durchgemacht hatte, ging ich in einem alten Dorf in der Ile-de-France spazieren und stieß an einer Wegbiegung auf ein einsames Haus, das nach allen Seiten offenstand. Sofort befällt mich ein Gefühl des Schreckens. Das Haus ist ganz offensichtlich Hals über Kopf verlassen worden, Erwachsenen- und Kinderkleidung liegt herum, im verstreuten, schmutzigen Unrat leere Rotweinflaschen, zerrissene Pornohefte und alte zerfetzte Krimis. Überall Dreck und Unordnung. Eine bedrükkende Atmosphäre wie die eines schlechten Gruselfilms, aus den Mauern schwitzt die Angst. Mehr als alles andere rühren mich diese armseligen, ramponierten Kinderspielsachen, diese verwaisten Kinderschuhe. Man steigt über zerschlagenes Geschirr, die Schränke sind ausgeräumt, die wenigen Möbelstücke umgeworfen, die Matratzen aufgerissen. Was hat sich hier ereignet? Ich werde nicht versuchen, in diesem Dorf mit seinen geschlossenen Fensterläden mehr zu erfahren. Eine vom Alkohol, der Droge, der tierischen Verrohung verursachte Tragödie? Draußen singen die Vögel. Ich entferne mich, erschüttert und zugleich von meiner Lebensunlust genesen. Was bedeutet schon ein kleiner Liebeskummer, Schmerz des Egos, im Vergleich zum wahren Elend, das ein Leben durchdringen kann?

Der Schrecken eines Ortes hatte mich belehrt.

Etwas weiter des Weges steht eine winzige einsame Kapelle unter einem großen dichtbelaubten Baum, sie lehnt gegen seinen knotigen Stamm und beherbergt eine ganz kleine Statue der Maria, die ihr Kind an sich drückt. Sie hat einige grob gezimmerte Holzbänke zum Hinsetzen: diese Kapelle wird mich durch ihre Heiterkeit die wiedergefundene Ruhe und die neu auflebende Hoffnung lehren.

Wenn man sich in düstere Gedanken vergräbt, wenn man sich von ihnen einfangen und beherrschen läßt, wird das ganze Dasein zur Hölle. Und die toten Stätten, die skelettierten Behausungen, sind Marksteine auf unserem Weg. Meilensteine, die uns wortlos zurufen: Achtung, Achtung, der Augenblick geht vorüber und kommt nicht wieder... Lassen wir ihn nicht vergebens entschwinden.

Hinter den Mauern, der Raum

Sie, Sie gehen unmittelbar auf Gott zu; ich nicht. Sie bitten mich jedoch, ein Kloster zu bauen, das heißt etwa einhundert Mönche unterzubringen und ihnen Stille zu verschaffen. In diese Stille bringen sie das Studium: also baue ich für sie eine Bibliothek und Unterrichtsräume. In diese Stille bringen sie das Gebet: also baue ich für sie eine Kirche, und diese Kirche hat für mich einen Sinn.

LE CORBUSIER

Wenn man einen Tempel, irgendeinen Tempel betritt, ist das Wesentliche die Stille, die den Raum erfüllt, diese besondere Art der Stille, die dort herrscht. Sie ist auf der Stelle spürbar.

Denn das Allerheiligste *ist* Stille.

Ich habe das Glück, in der Nähe von Sénanque, einer Zisterzienserabtei aus dem zwölften Jahrhundert, zu wohnen, und Sénanque ist vermutlich diejenige, die am eindrucksvollsten von der Schönheit der Schöpfung und von der Hoffnung auf die Stadt Gottes kündet, deren irdisches Abbild sie sein will.

Der Fülle, der Vollkommenheit dieses Bauwerkes steht man fassungslos gegenüber. Ich erreiche die Abtei zu Fuß über den Hügel hinter dem Haus, oder mit dem Auto über Gordes oder Murs. Jedesmal, wenn die steinernen Dächer ins Blickfeld treten, im Herzen des kleinen, zu beiden Seiten von Gebirgszügen flankierten Tals, aus denen man die für den Bau der Abtei benötigten Materialien gewonnen hat, gibt einem dieser Anblick einen Stoß, man atmet Harmonie.

Die Abtei von Sénanque ist das Werk von Menschen, die sich auf der Suche nach einer Welt jenseits ihrer eigenen befinden, und sie bietet ein Bild der Vollkommenheit und der Vereinigung mit der sie umgebenden Natur.

Die Hügel, die sich ringsum erheben, sind rauh und karg, das Sénanque-Tal hingegen ist lieblich, mit seinem duftenden, von Eichen und Buchs gesäumten Lavendelfeld. Das Gebirge und der Himmel sind *Yang,* das Tal und die Erde sind *Yin.* Der männliche und der weibliche Pol der Natur treffen aufeinander, hier in dieser dritten Dimension, dem Werk von Menschenhand.

Beim Bau einer Abtei bleibt die Landschaft nicht unberücksichtigt. Diese hier gleicht der Muschel eines riesigen Ohrs, das dem All lauscht.

Zwischen Ostern und Allerheiligen strömen heute Abertausende von Besuchern nach Sénanque, aber es bedarf keiner Mönche mehr, um sie zu unterrichten: der Stein spricht für sich – besser als es irgend jemand sonst tun könnte. Die Botschaft der Architektur ist hier von solcher Kraft, daß sie Körper, Geist und Seele zugleich anspricht. Eine wahre Säule des Tao. Nie habe ich die Schwingungen der Formen so stark empfunden wie in Sénanque. Vielleicht weil ich immer und immer wieder dorthin zurückkehre, es vergeht kaum eine Woche, ohne daß ich es aufsuche, und sei es nur ganz kurz. Es hat mich auf ewig in seinen Bann gezogen, es erschließt sich mir mit jedem Besuch aufs neue.

Was bauen wir Menschen des zwanzigsten Jahrhunderts, was der Vollkommenheit gleichkäme, was sage ich, was auch nur den Versuch wagte, sich dem Grad der Vollkommenheit anzunähern, den man in jenem sagenhaften zwölften Jahrhundert zu erreichen fähig war? In eben jenem zwölften Jahrhundert, in dem es nach den Worten von Marie-Madeleine Davy Menschen gab, die den Heiligen Gral aus unmittelbarer Nähe betrachteten. Nichts.

Was muß denn geschehen, damit wir es wagen, uns auf ein unbekanntes geistiges Abenteuer einzulassen und uns so die Kraft zurückzuholen, aus der die genialen Erbauer der Kathedralen schöpften? Soll erst die Welt in Trümmer gehen, zur Ruine werden, auf daß man sie wieder aufbaue? Vielleicht ist dies tatsächlich der unabänderliche Lauf der Geschichte. Sollte die verblendete Menschheit in ihrer maßlosen Torheit dazu bestimmt sein, sich selbst zu richten und zu bestrafen, indem sie den irdischen Garten plündert, aus dem sie sich ernährt? Was sollte sie dadurch begreifen lernen? Ihre Nichtigkeit? In diesem Fall könnte man vermeiden, unnötig Zeit zu verschwenden.

Sénanque, ein Hort des Lichts.

Bernhard von Clairvaux, der Neuerer des Zisterzienserordens, der wie jeder Mensch in sich widersprüchlich war, ein pathologischer Fall wie alle herausragenden Persönlichkeiten, war beseelt von einem Geist, der ihn einerseits für unsinnige, blutige Kreuzzüge gegen die Katharer und gegen die Ungläubigen und andererseits für das mönchische Ideal der Rückbesinnung auf die ursprüngliche Einfachheit und Zurückgezogenheit predigen ließ.

Ahnte dieser Ordensstifter, der 1112 nach Citeaux gekommen war und bis zu dessen Tod im Jahre 1152 der Orden etwa dreihundertfünfzig Klöster errichtete, ahnte er bereits, als er sagte, »die Seele soll die Erleuchtung suchen, indem sie dem Licht folgt«, daß das beste Zeugnis für seinen unerschütterlichen Glauben für alle Zeiten in den Mauern ruhen würde, die unter seinem Einfluß errichtet worden waren?

Bernhard von Clairvaux widmete sich seiner Aufgabe und verschwendete vermutlich wenig Gedanken an seine Nachwelt. Sein einziges Trachten mag es gewesen sein, sich jener Vollkommenheit zu nähern, die nie ganz erreichbar ist, weil sie immer ein Stück voraus ist. In seinen Abhandlungen und Homilien finden sich Sätze von höchster Klarheit, Sätze, die jedoch von der ausgeprägten Metapsychologie seiner Persönlichkeit zeugen, welche, weit davon entfernt, aufsehenerregende Visionen zu erwarten, lediglich das wahrnimmt, was ganz sachte an die Oberfläche des Bewußtseins dringt, diese lebendige Stille, die in uns Menschen emporsteigt, in uns lebendigen Mauersteinen des himmlischen Jerusalem. »Das Wort ist mehr als einmal zu mir gekommen. Zwar ist es häufig in mich eingedrungen, aber sein Kommen ist mir nicht immer bewußt geworden. Aber ich habe es in mir gespürt, und ich erinnere mich an seine Gegenwart. Ich bin in die höchste Ebene meines Selbst hinaufgestiegen, und weiter hinauf noch, dorthin wo das Wort herrscht ... Wenn es in mich eindringt, verrät das Wort seine Gegenwart durch keinerlei Bewegung, keinerlei Empfindung; allein das heimliche Erzittern meines Herzens nimmt es wahr... Es ist in mir, wie der Schatten seiner Herrlichkeit ...«

Diese wunderbaren, schlichten Sätze zeigen, welche Kräfte sich in der Stille entfalten.

In Sénanque ändern sich an jedem Tag und zu jeder Stunde die Lichtverhältnisse, und das Auge nimmt diese Veränderungen wahr. An diesem Hort des Lichts hat sich ein Traum des Menschen erfüllt, Stille und Licht erklingen zusammen in wunderbarer Harmonie. Wenn ich mit meinem Freund Emmanuel Muheim, der das Kulturzentrum hier in Sénanque leitet, auf einem unserer »Streifzüge« durch die Abtei die Kirche betrete, bemächtigt sich unser stets tiefes Staunen, eine Ergriffenheit, die uns stumm macht.

Kaum haben wir uns der Apsis zugewandt, kaum hat sie

unsere Blicke auf sich gezogen, erleiden wir einen wahrhaften Schock, eine Erschütterung, die uns ins Wanken bringt, uns aufwühlt; sie verwandelt den Schock in Andacht, in eine Regung der Seele also, und schließlich in leuchtende Stille.

Jetzt wenden wir uns in Richtung der drei Stufen der Läuterung, die zum Querschiff führen, in jenen Raum, den die Bibel im Buch Exodus für besonders heilig erklärt, und in Richtung der beiden Stufen, die zu dem bemerkenswert leeren Altar unter der durch trinitarische Öffnungen erhellten Apsis führen. Die räumliche Anordnung der Steine, Wölbungen und Öffnungen verzaubert uns... Und in diesem fast menschenleeren Gotteshaus (das wir zu Zeiten geringen Besucherandrangs aufzusuchen pflegen – welche für uns zu Zeiten der Fülle werden), erfahren wir am eigenen Leib und Geist den Sinn des Wortes »mystisch«. Nie verlassen wir Sénanque als dieselben, als die wir gekommen sind.

Lassen wir Emmanuel zu Wort kommen und von diesem heiligen Ort, den er bewohnt, sprechen: »Wenn man davon ausgeht, daß alles an dieser Architektur gewollt ist, unverzichtbar, daß nichts willkürlich hinzugefügt wurde, so muß man versuchen, den Sinn des auffallend häufigen Auftretens eines einzigen Zeichens zu ergründen: des Rades, das vor allem als Wagenrad im großen Rundfenster an der Mauerkrone zur Rechten des Querschiffs zu erkennen ist. Auch auf den Kapitellen am Eingang des Querschiffes ist das Motiv zu erkennen. Das Rad hat aufgrund seiner Vieldeutigkeit seit jeher die symbolische Vorstellungskraft des Menschen beschäftigt. Ein Symbol läßt sich nicht auf eine simple Gleichung reduzieren. Seine Auslegung ist subjektiv und erfolgt auf mehreren Bedeutungsebenen.

Schon auf den ersten Blick erkennt man das Rad als eine Figur, die eine Kreislinie mit ihrem Mittelpunkt verbindet. Der Kreis ist die Welt, sein Zentrum ist Gott. Es ist das Symbol für die geistige Vollkommenheit, für die Erscheinung des Ezechiel. In jenem zehnstrahligen Rundfenster – zehn ist die Gesamtzahl aller Ziffern – kann man es als das um sein Zentrum gelagerte Weltall, als Bild für den Kreislauf der Zeit, für die ewige Wiederkehr deuten. So hatte der Mönch, wenn er sich vom Schlafsaal hinunter zur nächtlichen Messe begab, dieses Rad unmittelbar vor Augen. Danach, wenn er sich umwandte, um seinen Platz im Chor einzunehmen, konnte er an der Mauerkrone des rückwärtigen Teils der Kirche die große Rosette betrachten. Diese Figur, die sich vom Rad ableitet, ist das Sinnbild der Heiligen Jungfrau, der alle Zisterzienserkirchen geweiht waren. Die zwölfstrahlige Rosette – die Vier als die Ziffer des Weltlichen multipliziert mit der Drei als der Ziffer des Göttlichen – ist das Bild für die Ganzheit der Schöpfung. Ihre zwölf Kronblätter umkränzen zwei konzentrische Kreise, welche von einem stark hervorgehobenen Kreuz festgehalten zu werden scheinen. Auf diese Weise bleibt das sich drehende Rad stehen, sobald der Blick darauf zurückfällt: die Zeit wird zur Ewigkeit.

In Wirklichkeit hat die gesamte Kirche teil an diesen doppelsinnigen Drehbewegungen. Denn sie hat zwei Gesichter. Das eine ist von großem architektonischem Reichtum, das andere von herber Schönheit. Das eine ist das kosmische Antlitz, das uns im streng rhythmisierten, musikalischen Frage- und Antwortspiel der Räume entgegentritt – von der Kuppel ausgehend über das Querschiff bis hin zur mütterlichen Höhle der Apsis. Das andere, das vielleicht mehr dem

Baustil der Zisterzienser entspricht, ist das Mittelschiff, ein hohes, schmuckloses Gewölbe von äußerster Nüchternheit, das ausschließlich durch das einfallende Licht belebt wird. Lebhaft entflammt es um die Mittagsstunde im Kreuzgang, scharf grenzt es im Sommer die Schattenflächen ab, ruhig und sacht durchdringt es das Innere der Kirche.

Die Prozession des Lichtes ist zugleich eine Prozession des Blickes und der Seele. ›Nicht indem man den Ort wechselt, soll man sich nähern, sondern indem man das sich wandelnde Licht wahrnimmt, das nicht ein körperliches, sondern ein geistiges ist...‹, sagte Bernhard von Clairvaux.

Aber von welcher Farbe das Licht auch sein mag, ob golden oder blaugrün wie aus einer feuchten Grotte, immer bringt es die Schönheit des Steins zur Geltung. Der Bau ist vollkommen. Sämtliche Steine wurden ohne Mörtel, also ohne ›Mogeln‹ zusammengefügt. Und selbst in dieser Sorgfalt liegt eine Botschaft: ›Bezieht euch selbst in die Mauern des Gebäudes ein, als ob ihr lebende Steine wärt, aus denen ein Haus Gottes entstehen soll‹, fordert Petrus. So ist die Kirche schon durch die verwendeten Materialien ein Abbild des Leibes Jesu Christi. Auch durch ihre Kreuzesform. Unter ihren Gewölben ertönten die gregorianischen Gesänge der Gemeinschaft der Mönche und kündeten von der steten Erhebung der Seele.«

Hier genügt noch heute die übernatürliche Stille, ihre spürbare Gegenwart, um uns zu erheben. Architektur der Leere, Fülle des sich öffnenden Raumes, in dem sich das Sein entfaltet, Formen, die an den Grenzen ihrer Ausdruckskraft angelangt sind. Ohne Glasfenster, ohne Skulpturen und ohne Bilder, so verinnerlicht die Kirche den Kosmos, der sich uns im reinen Glanz des Tages und der Nacht dank der mathematisch genauen Harmonie des Kreuzgangs in einem viereckigen Lichtschacht, einem Stück Himmel eröffnet.

Wenn Bernhard von Clairvaux schreibt: »Gott: es ist uns nicht erlaubt, IHN anders zu sehen als in Bildern und Symbolen ...«, so könnte man hinzufügen, daß die Energie, die man Gott nennt, in allem wirksam ist, was die Schönheit der Welt ausmacht: im Grashalm, der seine zarte Blüte treibt, ebenso wie im Gebäude von Sénanque, der steinernen Wüstenrose.

Im Kulturzentrum, das an die Abtei angrenzt, ist eine ganze Etage der Gebetsgestik gewidmet, und eine weitere einer Ausstellung über die Tuareg und das Leben in der Wüste. Zu den Exponaten zählen herrliche Photos, zum Beispiel von Spuren im Sand, und Gegenstände, wie ein Bruchstück der Tür, die einst das Haus von Charles de Foucauld auf der Hochebene von Acekrem verschloß und später seinen von Kugeln durchsiebten Leichnam bedeckte. Und in einem kleinen aus seiner Feder stammenden Schreibheft findet sich eine Liste von Sprichwörtern und Redensarten der Tuareg, die er übersetzt hat. Auf der aufgeschlagenen Seite des Heftes in der Vitrine lese ich zum Beispiel: »Ein Schwätzer hat nichts im Kopf außer Geschwätz.« Und weiter: »Eine Verletzung, die das Feuer zugefügt hat, wird heilen, eine Verletzung, die durch Worte entstand, wird in der Seele niemals heilen ...«

Eine rührende Huldigung an die Weisheit, die im Schweigen liegt. Dann, ein paar Schritte weiter, sticht mir die Übersetzung eines Gedichts von Hawad, eines Poeten der Tuareg aus unseren Tagen, ins Auge, das in jener kalligraphischen Schrift geschrieben ist, die eher aus Zeichen denn aus Buchstaben besteht:

Mit dem Gang zum Brunnen
ist unser Durst
noch nicht gestillt.

Als ich Emmanuel dieses Gedicht vorlese, zitiert er ein Sprichwort, das ihm einst auf einer seiner Fußwanderungen in die Wüste ein Freund vom Stamm der Tuareg anvertraute: »Ein Mensch, der Lärm um sich verbreitet, wird nichts als Lärm in sich aufnehmen.«

Die Architektur, die sich zur Aufgabe macht, Räume der Stille und der Sammlung zu schaffen, hat sich in der Verwendung von modernen Materialien bewährt. Dies ist bei der Kirche Notre-Dame-du-Haut in Ronchamp der Fall, und auch in L'Arbresle im Kloster Sainte-Marie-de-la-Tourette. An diesen beiden Orten gelang es Le Corbusier, diesem Genie, das es wiederzuentdecken gilt, von Mauern umschlossene Andachtsstätten zu erbauen, die wahre »Lichtfallen« sind.

Auch hier spricht die Stille zu dem, der bereit ist, ihr zu lauschen.

In Ronchamp hat sie mich in Verzückung versetzt. An einem schönen Augustnachmittag waren wir, eine ganze Gruppe befreundeter junger Leute, zu Fuß auf der Hochebene angekommen. Da lag sie mit einemmal vor uns, die kleine Kirche, und erstrahlte in ihrem Licht.

In L'Arbresle hat mich die Stille heimisch werden lassen. Ich war dreimal für jeweils drei Tage dort und habe an den Meditationskursen bei Meister Deshimaru teilgenommen.

In der auf den ersten Blick etwas seltsam anmutenden Zementarchitektur des Klosters lebt es sich sehr gut, das Gebäude erfüllt seine Anforderungen, die Stätte fördert, der Natur ihres Raumes, ihrer Winkel, ihrer Rhythmen und ihrer Umgebung gemäß, die Meditation in der Gruppe.

Die Klosterzelle ist ein Ort der Einsamkeit, ein Nest, in dem man in Abgeschiedenheit von der Welt lebt, sich seinen Gedanken hingeben kann und in dem man Ruhe findet. Die Orte der Begegnung sind anderswo, auf den Gängen, in den Arbeitssälen, im Speisesaal, von dem aus man über das freie Feld blicken kann.

Der Ort der Versenkung ist die Kriche, die man über eine sehr schöne und helle, sanft abfallende Freifläche erreicht, um danach in sich selbst die Gipfel der Stille zu erklimmen, diesen uns innewohnenden Ort, zu dem wir emporsteigen. Es muß bei meinem zweiten längeren Zazen-Seminar, als ich zum erstenmal hier war, gewesen sein, als ich aus Neugier Meister Deshimaru um die Erlaubnis bat, während einer Gruppenmeditation photographieren zu dürfen. Damals kannte ich ihn noch kaum, aber da er wußte, daß ich von Berufs wegen mit den Medien zu tun hatte, willigte er ein.

Zur auf elf Uhr vormittags anberaumten Sitzung treffen sich also alle Teilnehmer in der Kirche, die somit zu einem *Dojo* wird. Jeder begibt sich in seine Reihe – es gibt davon auf jeder Seite des Raumes drei, die parallel angeordnet sind – und läßt sich auf seinem *Zafu,* seinem Meditationskissen, nieder. Die Teilnehmer plazieren sich versetzt und wenden das Gesicht einer der Seitenmauern zu. So auch ich.

Nach fünf Minuten erhebe ich mich leise und gehe, meine Pentax schußbereit in der Hand, zum Altar vor, von dessen obersten Stufen aus ich hoffe, eine schöne Gesamtaufnahme machen zu können. Oben angelangt, wende ich mich um. Und blicke auf einhundertzwanzig Menschen herab, die regungslos am Boden sitzen. In diesem Augenblick schlägt die Stille, die von ihnen ausgeht, über mir zusammen.

Eine Woge der Stille von solcher Gewalt, daß ich minutenlang nicht wage, diese verdichtete Atmosphäre durch das Klicken des Auslösers und dessen Widerhall zu stören.

Ich machte diese Erfahrung auch andernorts wieder. Stets üben die unhörbaren Schwingungen, die von einhundert bis dreihundert meditierenden Menschen ausgehen, eine ungeheure Wirkung auf mich aus. Deren Stärke hängt jedoch ab von der Architektur: Es ist, als ob der Raum, die Kraft des Ortes und die Stille ineinanderströmten und das Ergebnis ihres Zusammenwirkens jedesmal ein anderes wäre.

Ich habe überall in Frankreich, in Belgien, in der Schweiz, in Spanien an Zenseminaren teilgenommen, in Kirchen, Klöstern, Scheunen, Sporthallen, Hotels und in traditionellen *Dojos*.

Natürlich war ich nicht immer in derselben geistigen Verfassung. Jeden Morgen erwacht man als ein anderer Mensch, und es ist ein großes Verdienst des Zazen, daß es uns diese Entwicklung nachvollziehbar macht, indem es bewirkt, daß wir uns zugleich als vertraut und fremd empfinden. Aber die Lage eines Ortes, das Wetter, die Kräfte der Mineralien des

Erdbodens und die Kräfte der Pflanzen beeinflussen die Beschaffenheit der Stille, die die Meditierenden vorfinden. Und so erfahren sie das Zazen jedesmal auf andere Weise: in einem ausgeräumten Speisesaal eines Restaurants in Val d'Isère, dessen Glastüren den Blick auf eine Gebirgslandschaft mit rauschendem Wildbach freigeben, oder in der Nähe von Blois mit den mildernden klimatischen Einflüssen der Loire, oder in Nordfrankreich auf den von einer Eisschicht überzogenen Steinfliesen der kleinen Klosterkapelle von Wardreques, oder in einer weiträumigen Scheune in La-Sainte-Baume, wo man die ganz besondere Atmosphäre dieses wunderbaren Ortes verspürt, oder in Carry-le-Rouet, am Mittelmeer, das in der Sonne glitzert, oder hier in Arbresle, in der Kirche des modernen Klosters von La Tourette, um nur einige Beispiele zu nennen. Denn das Meditieren gewinnt so vieles durch die klimatischen, tellurischen und architektonischen Gegebenheiten eines Ortes.

Die Beschaffenheit der Stille erfährt auch im Laufe der Seminartage eine Veränderung: Zu Beginn, wenn keiner seine Gedanken von den Kümmernissen, den Wahnbildern, der Mühsal und all den Sorgen, die ihn quälen, loszulösen vermag, ist die Stille drückend, fast bleiern, und ganz allmählich verwandelt sie sich dann in der Gemeinschaft, bis sie gegen Ende des Seminars von Kraft und Licht durchdrungen ist.

Alle *Godos,* die Seminarleiter, bestätigen diese Erfahrung, und es ist immer wieder aufs neue erschütternd festzustellen, wie sich durch die Meditation mit der fortschreitenden inneren Reinigung die allgemeine Stimmung allmählich hebt.

Kehren wir zurück nach La Tourette. Der Architekt Claude Parent, der sich ganz dem Kirchenbau verschrieben hat, äußerte anläßlich eines Kolloquiums über sakrale Architektur, das 1983 in La Tourette stattfand, folgendes über diesen Ort: »Wenn man das Werk an sich betrachtet, nehmen wir als Beispiel Le Corbusiers Kirche in La Tourette, so fragt man sich, ob es etwas Simpleres, Schematisierteres und zugleich Zarteres geben kann. Erdrückt oder irritiert einen dieses Bauwerk etwa? Nein, ganz und gar nicht. Man vergißt seine Ausmaße, alles Grobe verschwindet. Sie sind allein, der Bau paßt sich Ihren Maßstäben an. Sie sind zu Hause. Diese Kirche gehört nicht den Mönchen. Sie ist Ihr Haus.

Welche Erklärung gibt es für dieses Phänomen? Das Gebäude ist voll von Zärtlichkeit für Sie. Wie wird dieser Effekt erzielt? Er ist das Werk des Architekten. Man weiß nicht, wodurch dieser Eindruck im einzelnen hervorgerufen wird, sicher ist nur, daß erst im vollendeten Werk dessen Kraft zum Ausdruck kommt. Desgleichen seine unbezwingbare Gewalt und seine erbarmungslose Offenheit. Das übrige, was man spürt und was man nach Jahrhunderten noch verspüren wird, ohne es erklären zu können, gehört in den Bereich des Geheimnisvollen.«

Dieser Ort hat in der Tat Bedeutung, es ist *ein Ort, an dem Dinge und Menschen sich selbst und anderen offenbar werden,* ein Ort, der sich günstig auswirkt auf die Beziehungen zu anderen Menschen, unseren Nächsten, und zum Kern der Dinge, der im Verborgenen liegt und sich enthüllt. Denn, wenn sich auch das wahre Haus Gottes in uns selbst befindet, so kann doch jeder geweihte Ort den Zugang zum innersten Bewußtsein nur erleichtern. Bleibt dieses Gotteshaus in unserem Innern, dann wird jeder Ort für uns zur Stätte der Kommunikation mit allem, was unsere Vorstellungskraft übersteigt, und allem, worauf wir uns stützen. Aus diesen Ansätzen könnte sich eine neue Architektur entwickeln, dies hatte bereits Le Corbusier gespürt: »Das Haus der Menschen läßt sich in der Natur nieder, und zwar in seiner Ganzheit; es paßt sich an jeden Boden an, ist nach allen Himmelsrichtungen offen; den Wolken, dem azurnen Himmel oder auch den Sternen verschafft es Zugang zu seinem Dach; sehr weise ist die Eule, die sich von sich aus hier niederläßt ...«:[1] Über das Dach, der höchsten Erhebung des Gebäudes, der fünften Fassade gewissermaßen, öffnet sich das Haus dem Kosmos.

Le Corbusier war unermüdlich auf der Suche nach den Grundfesten der sakralen Kunst: »Individuum, Gemeinschaft, Kosmos, dies war mein Leben lang die Grundregel meines Forschens.«

Eine goldene Regel. Durch sie entdeckte er von neuem, daß »die Architektur und die Musik Schwestern sind, da sie beide die Zeit und den Raum proportionieren. Das Werkzeug, das die Verzauberung gestaltet, das ist die Proportion, wodurch die Gefühle so eng mit dem Äußersten ihrer Möglichkeiten verbunden sind. Da rührt man an Esoterik, die Sprache der Götter. Die Empfindung gegenüber der Architektur, die Proportion, ist die Wahrnehmung der Entfernungen, der Dimensionen, der Höhe, der Volumen – eine Mathematik, deren Schlüssel die Einheit ergibt (oder auch nicht), je nachdem ob das Werk gelungen oder mißlungen ist. Sie werden es nicht glauben: *dieser Schlüssel der Architektur, die Proportion, ist verlorengegangen, ist in Vergessenheit ge-*

raten. An die Proportion, die in gewissen Epochen alles bedeutete und zu den Geheimnissen selbst führte, an sie denkt man nicht mehr, man kümmert sich nicht mehr um sie, man hat sie aufgegeben. In diesem Stadium sind wir angelangt. Sie erfüllt eine vorwiegend visuelle Funktion (handelt es sich denn nicht um Gegenstände, die der Mensch mißt?), kann aber metaphysisch werden, indem sie Materialität und Spiritualität verbindet.«[2]

Und wir, die wir es lieben, Stätten der Begegnung aufzusuchen, um uns für einen kurzen Moment dem reinen und betörenden Zauber der Orte der inneren Sammlung hinzugeben, an denen man wieder zu sich findet, wo man betet und meditiert, Gotteshäuser aller Himmelsrichtungen, seien sie nun hinduistisch, buddhistisch, islamisch, jüdisch-christlich oder einem anderen Glauben gewidmet, wir erleben zwei wesentliche Dinge: den Geist der Andacht, der Meditation, und den Geist des Bauwerks an sich, das fest in seinem spezifischen Boden verankert ist. Es gibt mannigfache Arten der Stille, über die wir den Kontakt zu dem aufnehmen, was unserem Suchen unabdingbar zugrunde liegt, denn »jeder Mensch, der nach Harmonie trachtet, hat Sinn für das Heilige ..., das Geheimnis, das in jedem Wesen liegt, jene große, unbegrenzte Leere, in der man seine eigene, individuelle, absolut individuelle Vorstellung vom Heiligen unterbringen kann. So etwas nennt sich auch Gewissen, und dieses Meßgerät für Verantwortung und Gefühl reicht vom Faßbaren bis zum Unfaßbaren. Der Tag hat vierundzwanzig Stunden. Auch das Leben hat einen Eingang und einen Ausgang. Es verfügt über eine Frist, eine Zeit. Jeder steckt in seiner Haut, in der Hülle seiner eigenen Haut ...«[3], so schrieb Le Corbusier, der Baumeister auf der Suche nach dem Licht, der schwimmend zwischen Meer und Sonne den Tod fand. Die Vorstellung, daß er sich auflöste im strahlenden Glanz der Verschmelzung zwischen Sonne und Meer, gefällt mir. Seine Leiche, diese Hülle aus Haut, fand man später am Strand wieder.

Selbst wenn es wirklich einen großen Baumeister des Universums gibt, so entstehen und vergehen seine Werke gleich denen seiner Geschöpfe.

Auf die Frage nach dem schönsten Symbol für die Stille möchte ich antworten: Die Flamme einer Kerze in der Dämmerung, sie lodert auf, erstrahlt in hellem Schein, und dennoch wird sie irgendwann erlöschen. Sie könnte ein Symbol für unser Leben und Wirken hier auf Erden sein.

Für dieses vergängliche Glück, das uns widerfährt.

Bemerkungen zum Thema Angst

So wie der Tod die Vollendung des Lebens ist, indem er ihm Gestalt und Wert verleiht, indem er dessen Kreis schließt, so ist das Schweigen die Krönung der Sprache und des Bewußtseins. Alles, was man sagt oder schreibt, alles was man weiß, geschieht nur aus dem einen Grund: des Schweigens wegen.

J. M. G. Le Clézio
L'Extase matérielle

Jemandem, der sagt »Ich habe Angst«, kann man entgegenhalten: »Wovor fürchten Sie sich eigentlich?« Seine Angst muß auf etwas zurückzuführen sein, er müßte mit einem konkreten Vorfall aufwarten können: »Man folgt mir auf der Straße, ein Mörder ist mir auf den Fersen, mein Kind ist schwer krank, die Fabrik, in der ich arbeite, muß schließen, und ich werde auf die Straße gesetzt, ein aus dem Zoo entlaufener Tiger lauert hinter der Türe, oder eine Boa Constrictor ist unter meinem Bett ..., oder meine Frau wird mir eine Szene machen, wenn sie die Lippenstiftspuren auf meinem Hemdkragen entdeckt ..., mein Mann wird mich verprügeln, wenn er betrunken nach Hause kommt ...«

Jemandem, der seine Frucht, seine diffuse Beklommenheit, seine nicht näher zu bestimmende Beunruhigung zeigt, der offensichtlich am Leben leidet, wird sich die Frage nach dem Warum ganz anders stellen, denn für ihn bezieht sie sich nicht auf eine bestimmte Begebenheit, sondern auf das Leben als Ganzes, das als gefährlich empfunden wird, das bedrohlich wie eine Hydra erscheint.

Im Werk von Carlos Castaneda spricht der Zauberer Yaqui Don Juan zu seinem Schüler: »Des Menschen erster und wichtigster Feind ist die Angst. Ein schrecklicher, hinterhältiger Feind, den man kaum bezwingen kann. Er treibt sich überall herum, lauert hinter jeder Wegbiegung, immer bereit, über einen herzufallen.«

Was aber mag der Begriff der Stille wohl mit dieser heimtückischen Angst zu tun haben? Sehr viel.

Zunächst kann das Schweigen jede, wie auch immer geartete Angst kaschieren. Und indem es sie vor den Augen der Welt verborgen hält, verdeckt es eine Reihe von Seelenzuständen wie etwa Schwäche, Ängstlichkeit, Panik, Bestürzung, Entsetzen... Sprachliche Wendungen, in denen es heißt, man könne »stumm vor Schreck« sein, »kein Wort herausbringen«, »mehr tot als lebendig sein«, oder die Angst »nehme einem den Atem«, sind durchaus geläufig.

Doch, auch wenn man Schweigen bewahrt, verhindert das weder, daß man sich in einem Zustand der Erregung befindet, noch, daß die diversen Anzeichen dafür erkennbar sind. Man hat ein flaues Gefühl in der Magengegend und schlotternde Knie, es steht einem der kalte Schweiß auf der Stirn, die Augen weiten sich, und man wird auffallend blaß. Nicht zu vergessen die berühmten Haare, die einem zu Berge stehen oder sich am ganzen Körper sträuben! All das kann bei überempfindlichen Menschen zu einer Ohnmacht führen und somit zu absoluter Stille, es kann aber auch die Flucht auslösen, und Flucht ist gleichbedeutend mit verzagtem Schweigen; oder es bewirkt eine mehr oder weniger kontrollierte Abwehrreaktion: in diesem Fall wird die Stille durchbrochen, das Schweigen wandelt sich zu heftiger Wortäußerung, wenn nicht zu Gekreisch, verbunden mit ebenfalls geräuschvollem Geprügel.

Man kann das Schweigen auch als Waffe einsetzen. Sowohl zur Verteidigung als auch zum Angriff. Wie? Das ist ganz einfach: Zuerst bringt man seine Schreckbilder zum Schweigen. Das Bild, das man sich in seiner Vorstellung von einer Situation macht, läßt diese gefährlicher erscheinen, als sie tatsächlich ist. Denn es läßt einen oft alle Mittel vergessen, über die man verfügt, um eine heikle Lage zu meistern. Zum wahren Problem wird die Angst erst, wenn sie sich ins Uferlose steigert. Dann nämlich lähmt sie die Fähigkeit, sich in einer bestimmten Situation richtig zu verhalten und diese verstandesgemäß zu erfassen. Das ist ihre wichtigste negative Begleiterscheinung. Man muß sich zwingen, tief und ruhig durchzuatmen, nur so ist es möglich, gegen die wahnwitzigen bildhaften Vorstellungen anzukämpfen, die die Angst hervorruft. Der Atemfluß beim Ein- und Ausatmen ermöglicht in der Tat, die eigene Mitte wiederzufinden und somit klarer zu sehen. Dabei kommt es nicht darauf an, wo das geschieht. Das kann auf der Straße sein, bei einem häuslichen Ehekrach, einer Auseinandersetzung am Arbeitsplatz oder im Kampf gegen die Fallstricke und Schreckgespenster, die man in sich trägt.

Dieser unter Kontrolle gebrachte Atemvorgang macht den Blick scharf wie eine Rasierklinge, stechend wie eine Degenspitze, fest und funkelnd wie ein Diamant. Und wenn unser Blick sich festigt, wenn die anderen erkennen, daß er keineswegs unsicher flackert, sondern vielmehr unsere innere Klarheit ausstrahlt, verfügen wir damit über eine zweite, stille, aber nichtsdestoweniger fürchterliche Waffe. Denn ein Blick genügt, um jemanden erstarren zu lassen. Vorsicht! Weder das Atmen noch der Blick dürfen das geringste Anzeichen von Aufregung verraten, man muß vielmehr zu erkennen geben, daß man fest entschlossen ist, die Selbstbeherrschung und einen kühlen Kopf zu bewahren.

Und nun die dritte Waffe des Schweigens: Angesichts dieser Ausstrahlung von Unerschütterlichkeit, welche durch den anhaltend sicheren Blick, der die Lage erfaßt, sowie durch das ruhige Ausatmen zustande kommt, ist es nun an der Zeit, um sich herum und vor sich einen aus Schwingungen bestehenden Schutzschild aufzubauen. Man erfaßt, noch immer schweigend, mit dem Blick einen Lichtstrahl, wenn möglich einen Sonnenstrahl, und umgibt sich geistig damit, wobei man beim Ausatmen die Luft so tief wie möglich in den Bereich zwischen Nabel und Geschlechtsorgan preßt, dann natürlich rasch einatmet und daraufhin erneut wie eben beschrieben ausatmet. Dieser Vorgang wird solange wiederholt, bis in dieser Zone Wärme entsteht. Einige Schamanen sagen sogar, daß dann von dieser Stelle unsichtbare *Tentakel* ausgehen, die den Gegner aufhalten, zum Stehen bringen und unschädlich machen können, wenn sie ihn nicht gar durch die Luft schleudern. Dies mag seltsam anmuten, aber was ich hier preisgebe, sind durchaus keine Zaubertricks, sondern schlichtweg überlieferte Geheimnisse der Kampfeskunst.

Während dieses gesamten Ablaufs ist darauf zu achten, daß man mit beiden Füßen auf dem Boden steht und das Hauptgewicht auf den Außenrand der großen Zehe verlagert. Das alles schweigend. Ja keine lauten Angstfürze, das würde den Gegner womöglich zum Lachen bringen. Außerdem darf man auf keinen Fall schwitzen und blaß werden, denn dadurch würde unsere Angst offenkundig.

Selbstverständlich muß all das, was soeben erläutert wurde, ausgeführt werden, ohne lange darüber nachzudenken, gewissermaßen instinktiv. Man muß aus dem Instinkt heraus handeln, ja, denn wenn man das nicht tut, steckt der intelligenteste Teil unseres Wesens möglicherweise einen Schlag ein, bevor er auch nur die Zeit gehabt hätte, diese sagenhafte Taktik zu durchdenken, geschweige denn anzuwenden.

Nun, wenn alles gut geht, wenn man die äußere wie auch die innere Situation unter Kontrolle hat, kann man getrost zu anderen Dingen übergehen. Man kann zum Beispiel den Vorschlag machen, zusammen einen trinken zu gehen, eine Partie Bridge, Poker, Canasta oder auch Schach oder Go zu spielen, um die stille intensive Freude am Spiel wiederzufinden und den köstlichen Nervenkitzel einer Miniaturschlacht zu genießen, ohne sich dabei größeren Gefahren auszusetzen. Man kann aber auch ganz einfach auf dem Absatz kehrt machen und sich in königlicher Ruhe entfernen.

Das Erlebnis der Stille macht verständlich, warum so oft Konflikte entstehen, denn die Stille *hebt* einen über eine Situation *hinaus,* was bedeutet, daß man sich nicht von ihr in den Dreck ziehen läßt.

Am meisten Kraft erfordert es, Herr der Lage zu bleiben, ohne selbst in das Geschehen einzugreifen. Darin besteht ein weiteres Geheimnis des *Budo,* einer Philosophie des Kampfes, die alle Kampfarten Japans in sich vereint: das Geheimnis, *zu siegen ohne zu kämpfen.*

Zu diesem Thema gibt es eine amüsante Anekdote: Ein junger Mönch überbringt eine Botschaft von einem Tempel zum anderen. Kurz bevor er sein Ziel erreicht, muß er eine Brücke überqueren. Und auf dieser Brücke begegnet er einem schreckeinflößenden Räuber, einem abtrünnigen Samurai, der ihm den Weg versperrt.

»Lassen Sie mich bitte vorbeigehen«, bittet der kleine Mönch, »ich muß diese Schriftrolle zum Tempel tragen.«

»Nein«, sagt der Räuber, »du mußt mit mir kämpfen.«

»Aber ich weiß nicht, wie man kämpft...«

»Dann mußt du sterben.«

»Lieber, gefallener Herr Samurai, lassen Sie mich doch wenigstens dem Abt meinen Brief überbringen. Dann komme ich zurück und werde kämpfen.«

»Schwörst du das?«

»Bei allen Göttern, ja!«

Der kleine Mönch trägt also seinen Brief aus und erklärt dem Vater Abt, was ihm widerfahren ist. Dieser gibt ihm folgendes zur Antwort: »Hör gut zu, mein Kleiner, was ich dir jetzt erklären werde, und kehre dann zurück zur Brücke, denn du hast ja dein Wort gegeben. Hier gebe ich dir einen Säbel. Wenn du vor deinem Gegner stehst, dann halte diesen Säbel hoch über deinen Kopf und erwarte gefaßt, stillschweigend und mit geschlossenen Augen deinen Tod.«

Der Mönch geht also wieder zurück, stellt sich vor dem hämisch lachenden Räuber genau so in Positur, wie man es ihm aufgetragen hat, und wartet tapfer auf seinen Tod.

Angesichts dieses kleinen, reglos verharrenden Wesens, das, ohne ein Wort von sich zu geben, seinen Säbel in die Höhe hält, gefriert dem bösen Samurai das Lachen.

»Was macht der denn da?« fragt er sich. »Eine solche Technik habe ich ja noch nie gesehen!«

Und dann beginnt er ihn zu verhöhnen, sagt, er werde Hackfleisch aus ihm machen und das dann in der Pfanne braten, er werde seine Geschlechtsteile und seine Ohren als Vorspeise verzehren, und dergleichen übler Scherze mehr.

Der kleine Mönch aber rührt sich noch immer nicht vom Fleck und wartet mit gezücktem Säbel auf den Tod.

Die eingetretene Stille scheint nicht enden zu wollen. Da hört das Mönchlein mit einemmal, wie laut scheppernd etwas Eisernes zu Boden fällt. Es öffnet ein Auge und sieht, daß sich der Räuber auf die wurmstichigen Holzbohlen der Brücke niedergeworfen hat, und hört ihn aufschluchzen: »Verschone mich, großer Meister, verschone mich! Du bist stärker als ich, ich flehe dich an, laß mir mein Leben, und ich werde mich dafür als Mönch in den Dienst der Menschen stellen!«

So können Stille und Reglosigkeit wirken.

Myamoto Musachi, der berühmteste Samurai, den die Geschichte kennt, drückt das in seinem berühmten *Buch der fünf Ringe* folgendermaßen aus: »Man muß den Kampfeswillen des Gegners entwurzeln.« Dieser Rat kann tagtäglich in vielen Situationen befolgt werden.

Denken wir einmal ein wenig über die Ursachen der allgemeinen Aggressivität nach, wie sie uns ständig im Alltag begegnet. Stets liegt ihr ein Ego-Problem zugrunde.

Wer gerät aneinander? Und warum gerät man aneinander? Manchmal läßt sich das wirklich nicht vermeiden. Aber nur selten.

Warum kommt es zwischen den Menschen zu diesen *Clashs?* Und je näher man sich steht, um so härter und gewaltsamer prallt man zusammen. Und um so dümmer ist das in Wirklichkeit.

Du siehst mich so, wie du mich sehen willst.

Und ich mache mir ein Bild von dir.

Das gilt für jeden und jede gleichermaßen ...

Vorwürfe. Es ist nicht schwer, Vorwürfe zu machen. Zunächst fühlt man sich nicht betroffen, es ist ein untragbares Bild von uns, das uns da ins Gesicht geschleudert wird. Es ist die Sicht des anderen. In seinem tiefsten Innern weiß natürlich ein jeder sehr gut, daß *Ich* ganz anders ist: man sieht sich stets in einem besseren Licht: schöner, gewandter, intelligenter, vernünftiger... Wir wissen, was wir von uns zu halten haben. Was wissen denn schon die anderen?

Man vergißt, daß nur wir allein wissen, was in uns vorgeht, hingegen unser Auftritt im Alltag, die Rolle, die wir jeden Tag, mit jeder Geste und mit jedem Wort spielen, unser äußeres Ich also, das sein Ideal nachzuäffen trachtet, für die anderen öfter sichtbar ist als für uns selbst.

Wenn sich der andere die Zeit, also die Ruhe nimmt, mich anzusehen, wird er in mir lesen können wie in einem aufgeschlagenen Buch. Und umgekehrt. Man kann unsere Stärken und Schwächen sehen. Alle kleinlichen Einzelheiten, die ganze Wahrheit über die Person.

In diesem Moment – wann auch immer das sein mag – tritt die wahre Persönlichkeit und zugleich auch das Bild, das man von sich geben will, zutage. Man spielt dieses Spiel unaufhörlich, um sich zu beruhigen, in den Augen anderer zu wachsen und zu bestehen, den eigenen Scharfblick, die eigene Stärke und Erfahrung unter Beweis zu stellen, obwohl diese oft überhaupt nicht existieren. Oder auf ein Minimum im Vergleich zur Idealvorstellung reduziert sind. Wir sind alle Kolosse auf tönernen Füßen.

Szenen, Auseinandersetzungen, Wutausbrüche: Immer geht es darum, die eigene Überlegenheit unter Beweis zu stellen.

Mag dieser andere recht oder unrecht haben, vielleicht weder das eine noch das andere. Er sieht alles aus seinem persönlichen Blickwinkel, du siehst es aus deinem. Eine Luftblase berührt eine andere. Ein in sich geschlossenes Universum existiert neben anderen, die alle gleichermaßen eigenständig, wundersam, traurig und fröhlich sind. Ein jeder streckt seine umhertastenden Fühler in die Welt, projiziert sich auf das, was ihn umgibt, jeder denkt, fühlt und lebt auf seine Weise ...

Als Einzelgänger mit kaum ausgeprägtem Zusammengehörigkeitsgefühl.

Es gibt auf der ganzen Welt keine zwei gleichen Fingerabdrücke, und da wünscht man sich, die Menschen würden einander gleichen! Und doch ist die chemische Formel der Haut dieselbe, und wir bestehen aus denselben Elementen ... Und doch scheint die Harmonie so leicht zu erlangen zu sein.

Es gibt eine ganze Menge Dinge, die uns trennen, und viele andere, die uns vereinen ... Man muß einfach damit leben.

Und wenn man dazu nicht den Mut hat, dann verfällt man der alltäglichen Gewalttätigkeit, hinter der sich vieles verbirgt.

Das gefährdete Ich, das den Kopf verliert.

Die Verwirrung des Ego, das nicht ernstgenommen wird.

Die Unkenntnis der wahren Lage der Dinge.

Das bewußte oder unbewußte Bedürfnis, sich einzumischen.

Die Schwäche, die zu ihrer eigenen Karikatur gerät.

Die Angst der Verzweiflung, selbst wenn sie unbegründet ist.

Die trübe Bitternis des Daseins.
Das »Ich sehe rot«, das Blut sieht.
Die Verblendung, die auf Abwege führt und die Dämme zerbricht.
Das Bedürfnis zu zerstören, zu vernichten, ja sogar zu töten.
Die Lust zu verletzen, um Spuren zu hinterlassen, um weh zu tun.
Das panische Verlangen, anderswo zu sein, dem Augenblick zu entfliehen.
Der gegenwärtige Augenblick, der unerträglich geworden ist.
Ein Mitmensch, den man wegen des eigenen kleinen gestreßten Ichs nicht mehr ertragen kann.
Die Selbstaufgabe des Menschen, der sich aufbäumt.
Eine Facette des Menschlichen, die sich einem selbst und anderen enthüllt.
Die nervöse Reaktion, vor allem davonzulaufen.
Der irre Reflex der Muskelfasern.
Die totale psychische Überforderung.
Die Dummheit, die mitunter in Rohheit ausartet.
Die unkontrollierte Angst.
Die nicht bezwungene Eifersucht.
Die ungezügelte Lust.
Eine ausweglose Situation in einer Beziehung.
Eine unsichere Stellung.
Die Zwänge der Moral, die einen dazu treiben, sich zu verteidigen.
Der Terror als letzte Zuflucht.
Der Kurzschluß des verlorenen Verstandes.

Eine zerstückelte Gedankenwelt, ein zerfetztes Bewußtsein.

Ein Unterbewußtsein, das alles überwuchert.

Ein inneres Entsetzen, das sich nach außen kehrt.

Ein Riß, ein Aufprall, ein Streß.

Der Kampf für die *eigene* Sache.

Der Kampf ums Überleben.

Das Böse, das Gestalt annimmt und sich vergnügt.

Das Böse, das vernichtet.

Ein uralter Dämon, der in unseren Hirnen haust.

Eine Flut von harter, nackter Wirklichkeit.

Eine zürnende Gottheit.

Kali, die allesverschlingende Mörderin.

Der allgemeine Hunger nach dem allesverzehrenden Tod.

Das Feuer, das sich immer schon und auch heute noch an einem Funken entzündet und verbrennt.

Zeiträume, die aufeinander prallen anstatt ineinander überzugehen.

Das ewige Walten des Schicksals ...

Diese Liste könnte endlos fortgeführt werden.

Ein Schritt zurück, ein Augenblick der Stille, ein Blick nur genügen oft schon, um den Ablauf eines dieser Vorgänge zu verhindern.

Die *Bagawad-Gîtâ* sagt: »Das Wesen des Yoga liegt im geschickten Handeln.« Von da zur Fruchtbarkeit der Stille ist es nur ein Gedankenschritt.

Tod und Einsamkeit

... und seitdem ich den Weg zum Berge Sokei gefunden habe, weiß ich, daß es zwischen Geburt und Tod keinen Unterschied gibt.

MEISTER DOGEN
Shobogenzo

Es gibt noch eine andere Angst, die Angst vor der Stille selbst.

Eine Frau, eine etwa sechzigjährige Witwe, sagte vor kurzem zu mir: »Ich mag die Stille nicht, und manchmal lasse ich zwei Fernsehgeräte gleichzeitig in meiner großen Wohnung laufen, damit überall, wo ich hingehe, Geräusche zu hören sind.« Sie gehört zu jenen unzähligen Menschen, die ohne ständige Geräuschkulisse nicht leben können und denen der Radiowecker erster Gefährte am Morgen ist.

Diese Angst ist sicherlich die vor der Einsamkeit.

Wenn man verwitwet ist, wenn man in Häusern gelebt hat, in denen einst Kinderlachen und Stimmen von Erwachsenen ertönten, muß die Leere schwer zu ertragen sein, falls man sich nicht an ihre Dichte gewöhnt. Und dann bedeutet die Existenz dieser Stille, die als Abwesenheit eines Menschen wahrgenommen wird und für manche so beängstigend ist, auch die unmittelbare und unerfreuliche Gegenwart der Welt des Todes. Wie viele Menschen haben mir das gesagt: Welch ein seltsamer Einfall, ein Buch über dieses Thema zu schreiben, das ist nicht sehr lustig, für uns ist die Stille das Endgültige, die Endgültigkeit des Grabes. Wir haben doch Zeit zum Sterben – dann werden wir noch lange genug still sein …

Es ist schon eine seltsame Definition, auf die wir auf unserem Weg stoßen: Lärm ist gleichbedeutend mit Leben, und

Stille ist gleichbedeutend mit Tod. Ob letzterer als Übergang in ein mystisches, aber unbekanntes Jenseits betrachtet wird, oder als definitives Ende der biologischen Vorgänge, als völlige Zerstörung der Wesenhaftigkeit, die Stille, die dieses schwarze Loch umgibt, ist das Bild des Dramas selbst. Radikale Erschütterung der Ordnung der Lebenden, die den Sinn der menschlichen Existenz in Frage stellt.

Die Stille eines Hauses, in dem Trauer herrscht, tränenlose, klaglose Trauer, hat etwas tief Ergreifendes. Der Hades ist gegenwärtig, der Ort der Schatten.

Eine Atmosphäre, die um so beklemmender ist, als die moderne Gesellschaft nicht mehr weiß, wie sie sich angesichts des letzten Mißgeschicks des Lebens ausdrücken soll. Die solide Mahlzeit nach dem Einsargen wird als peinlich unangebrachte Vätersitte betrachtet, auf die Hilfestellung der Religion greift man nur zurück, weil – warum nicht, man kann ja nie wissen – eine schöne Beerdigung einen würdigen Abgang darstellt, der letzte Wille des Verstorbenen wird durch die Rechnung des Notars und die schwierige Berechnung der Erbschaftssteuer ersetzt, und die Trauerkleidung wird, da Schwarz ja mittlerweile Modefarbe ist, durch ein dezentes und kurzlebiges Stoffbändchen ersetzt.

Und wenn die Stille des Todes sich als allzu unerträglich für den Hinterbliebenen erweist, bleibt ihm nur noch die Möglichkeit, Spiritisten aufzusuchen, die durch Tischerükken oder mit Hilfe von Medien die geliebte Stimme aus dem Jenseits zum Sprechen – oder Schreiben – bringen. Diese Praktiken werden immer zahlreicher, die Geschäfte florieren, Warnungen aus dem Jenseits im Hinblick auf das zweifelhafte Schicksal unserer Welt erreichen uns sogar über die

Massenmedien, die keine einzige Gelegenheit versäumen, als Träger der Botschaften (aus dem Grab) zu dienen... Die ganze Dramatisierung all dessen, was den Tod betrifft, diese ganze »Verpflichtung, Gefühle auszudrücken«, so Marcel Mauss – wurde im Abendland zusammen mit dem karthartischen Wert, den diese Gemeinschaftsveranstaltungen haben mochten, abgeschafft. Und allein die Schaufenster der Bestattungsinstitute mit ihren Plastikblumensträußchen und ihren Marmorplatten mit Goldschnitt erinnern uns daran, daß ein wenig Zeremoniell das Überschreiten der letzten Schwelle kennzeichnen soll. Es bleibt der einsame Schmerz und seine unmittelbare Folge, die schreckliche Stille der Verzweiflung. Von jener Ästhetik des Todes, aus der man symbolisch etwas erschließen kann über Weltgefühl und Weltlage einer Gesellschaft, ist kaum noch etwas übrig. Die Frage bleibt: Wie bestimmt eine Gesellschaft ihren Platz *zwischen den Welten?*

An anderer Stelle habe ich von der Kremationszeremonie meines Zen-Meisters in Japan erzählt.[1] Das prasselnde Feuer, das Knochen und fleischliche Hülle des Leichnams zum Bersten bringt, scheint mir Teil eines Rituals zu sein, das weniger beängstigend ist als das der Beerdigung. Denn nachdem die letzten Schaufeln voll Erde in die Grube auf den Sarg geworfen worden sind, scheint mir die Stille von Lehm und wurmiger Dunkelheit, die sich über die Toten senkt, den man mit einer massiven Steinplatte, Gewicht des beschrifteten Vergessens, bedeckt, scheint mir dieser ganze Vorgang an sich etwas Erschreckendes zu haben. Das bedeutet wirklich, jemanden in die schlammige Grube zu werfen, es ist der Akt einer morbiden Fixierung, er oder sie ist da unten, von den Würmern zerfressen, dann mit weißen, sauberen Knochen, die allmählich in ihren ursprünglichen Zustand zurückkehren und zu Staub zerfallen, in Atome des Universums. Zwar geht die Natur hier ihren natürlichen Gang, aber dennoch ziehe ich die Zerstörung des Leibes durch das Feuer vor: sonnenähnliche Vernichtungskraft des lodernden Feuers, das Asche ergibt. Das ist ein klarer und schneller Transformationsprozeß. Dann verwahrt man diese Asche in eine Urne. Oder man verstreut sie mit erhabener Säergeste, wie es Gabriel Matzneff mit der Asche von Montherlant über den Ruinen von Rom tat, oder mit einem Flugzeug über dem Himalaya-Gebirge, wie dies mit den Überresten von Indira Gandhi geschah. Ich persönlich würde sie lieber unter einem Baum sehen. Andere unter Marmorplatten.

Ich war bei Feuerbestattungen in Indien dabei, und ich gebe zu, daß ich von der Einfachheit des Rituals fasziniert war. Ich werde mich immer an jenen alten, weißhaarigen Mann mit einem vom Alter und der Sonne zerfurchten Gesicht erinnern, der seine Lebensgefährtin verloren hatte und gekommen war, um sie auf ihrer letzten Reise zu den Ufern des Ganges in Patna zu begleiten. Er war traurig, aber würdevoll. Und sie – ich sah ihr Gesicht, als man den Sarg öffnete, um sie auf den Scheiterhaufen zu legen: ein schönes, faltiges Gesicht, ruhig und würdevoll. Holzscheite bedeckten sie. Das Stroh wurde in Brand gesteckt. Während das Feuer loderte, wurde der Kopf des Alten geschoren, dann wusch er sich im Fluß und betete im Wasser, wobei er seine knorrigen, gefalteten Hände hob. Mit Stöcken stießen die Helfer die Knochen in die Feuersglut zurück, als ein Fuß sich loszulösen schien. Das Feuer war Feuer, Flammen und rauchende Scheite.

Als alles verbrannt war, wurde die Asche eingesammelt, ein Teil wurde in den Ganges, den heiligen Fluß, geschüttet, ein Teil wurde dem Alten gegeben, der sie in ein kleines tönernes Gefäß füllte und sich damit wieder auf den Weg zurück nach Hause machte. Allein.

Er war ungeheuer würdevoll in seiner Traurigkeit. Er hatte, ohne ein Wort zu sagen, der völligen Metamorphose des geliebten Menschen beigewohnt. Es blieb nur die Stille der Erinnerung. Kalte Asche.

> »Ich fliehe vor mir, ich entferne mich
> Alles, was war, wird zu Staub.
> Meine Seele verliert sich wie ein Schleier.
> Stiehlt sich davon und versteckt sich am Horizont.«[2]

Jedes Ritual hat seine eigene Schönheit, so auch die Beerdigung. Es ist durchaus richtig, daß der Mensch, »der seinen Sarg auf den nackten Boden stellt, seine Stille, seine Unbeweglichkeit und seine Ohnmacht erkennt. In unserer Zeit erteilen uns die Toten eine Lektion. Anstatt unbewegliche Statuen oder erstarrte Leichname zu sein, sagen sie durch ihre geschlossenen Augen und ihre in die Erde versunkenen Körper, daß das Leben weitergeht. Wenn alles zu Ende ist, ist eine ganze Welt erlöst. Und wenn sie weint, dann weil sie zu leben beginnt. Dies ist der natürliche Tod, der biologische, wie man es wissenschaftlich ausdrücken kann. Und die, die gehen oder gegangen sind, hinterlassen uns keine Sicherheit, keine Gewißheit. Und sprechen keine Lügen aus«[3].

Der Tod ist die letzte Wahrheit. Das feige Ausweichen vor ihm ist häßlich, nicht seine unabwendbare Realität. Aber die Angst vor ihm ist nicht neu. Denn man versteckt den Tod, man zieht es vor, ihn symbolisch darzustellen mit einer Sense und einem Skelett, und seit dem 13. Jahrhundert isoliert man ihn immer mehr, seit der Erfindung des Sarges, dieses Kastens für die ewige Ruhe, der uns die Illusion der letzten Ruhestätte gibt. Als Reaktion darauf gibt es heutzutage in Kalifornien eine Leichenkonservierungs-Industrie, die es möglich macht, den geliebten Verschiedenen in einen Glaskasten zu stecken, wo er an seinem Arbeitstisch sitzt, in der Haltung des Dollar-Machens erstarrt, oder in seinem Sessel, in alle Ewigkeit die Börsenkurse in der Zeitung lesend, für die man wahrscheinlich einen Tag mit kräftigem Kursanstieg gewählt hat, damit seine Augen auf ewig sein Finanzparadies widerstrahlen. Mama wird sich mit ihrem Strickzeug zu ihm gesellen können, tadellos gekleidet und geschminkt, wobei sie ein gekonnt aufgetragener, unsichtbarer Kunststoffilm wirklich so aussehen läßt, als ob sie für alle Zeiten Tee trinken würde. Und sogar der Pudel wird mit von der Partie sein können. Man kann sich diese Glaskästen leicht vorstellen, vor denen alle Familienmitglieder aufmarschieren, stolz auf diese ewig strebsame Stille, Bild des vollkommenen Glücks. Beispiel für die nachfolgende Generation, die, warum auch nicht, selbst ein Teil dieser Szenerie werden kann, wenn ihre Stunde gekommen ist, und somit eine Saga schafft, die auf ihre Weise der der Pharaonen würdig ist: das versteinerte *American establishment.* Es fehlt nur das Wesentliche: die Pyramide und ihre Geheimnisse.

Im Grunde ist man immer lächerlich angesichts des Todes, dieser urplötzlichen, radikalen Abwesenheit. Zurückversetzt in die wahre Dimension der Dinge, angesichts ihrer absoluten Vergänglichkeit.

Ich habe einen Freund, einen Verleger, der, nachdem er mit mir gespeist hatte, mir sein Haus zeigte, seinen Garten und das alte Dorf. Diesen Spaziergang beendeten wir mit einem Besuch auf dem Friedhof, wo es einen herrlichen Aussichtspunkt gibt. Er blieb dann vor einer unbeschrifteten Marmorplatte unter einer Zypresse stehen und sagte: »Und hier werden wir enden.« Die Besichtigung war abgeschlossen, und ich bewunderte dieses Exemplar eines Menschen, der seinen Tod in seinen Lebensplan integriert hatte.

Andere haben Grabgewölbe, Nischen in Krematorien oder unkündbare Konzessionen auf Friedhöfen ... Warum nicht, wir alle lieben unsere fleischliche Hülle, und wir müssen dafür sorgen, daß sie »in Frieden ruht«, wie es so schön heißt.

Es ist ziemlich auffällig, daß in der Stille der Friedhöfe die Gesten der Besucher immer ein wenig linkisch sind, ihr Gang wirkt gebrochen durch die Gegenwart des Reichs der Toten, ihr Gesicht hat einen ganz besonderen Ausdruck, geprägt von einem Ernst, der nicht vorgetäuscht ist, denn an jenem Ort wird in der Tat ihre eigene Existenz in Frage gestellt und die schmerzende Wunde ihrer Erinnerungen bloßgelegt. Friedhöfe. Als ich in Paris lebte, ging ich oft durch den Friedhof von Montparnasse, um mich zu meinem Verlag zu begeben. Ein Augenblick der Ruhe in der Hölle des Großstadtverkehrs ist dieser Spaziergang zwischen den Gräbern. Manchmal stieß ich auf eine Beerdigung: eine Szene, die mich durch ihren immer flüchtigen Charakter traf. Aber es kann ja nicht jeder einen Massenauflauf bewirken, wie einst Sartre bei seiner Beerdigung …

Friedhöfe … Aber ob ich an den von Genua denke, mit seinen gequälten, wahnwitzigen Statuen, seinen grandiosen Engeln, seinen Gräbern mit Säulenreihen, oder an den von Forcalquier mit seinem überwältigenden Pflanzenlabyrinth, das das spiegelgetreue Abbild eines Gartens aus *Alice im Wunderland* zu sein scheint, oder auch wenn ich an jene Sarkophage unserer Könige denke, die in der Basilika Saint-Denis ruhen, oder an jene einfachen moslemischen Gräber, die aus einem Stein und einer Erdaufschüttung bestehen und so erschütternd sind in ihrer Schlichtheit – das wahre Bild des Todes wie mir scheint –, wenn ich an all die Grabstätten denke, die ich auf der ganzen Welt gesehen habe und die alle die zurückgebliebene Leere zum Ausdruck bringen und das Mysterium dieses so drastischen Ereignisses darstellen, dann frage ich mich, welcher Dämon der Menschheit bewirkt, daß es die Menschen immer noch wagen, sich im Namen vergänglicher Ideen zu massakrieren, anstatt das Leben und die Achtung vor dem Leben zu preisen.

Unter all den beeindruckenden Gräbern gibt es zwei völlig gegensätzliche Ruhestätten der Toten: Auf der einen Seite die Katakomben, jene kollektiven Totenstätten, jene Massengräber, wo sich grauenerregende Berge von durcheinander liegenden Schädeln und Schienbeinen am Grunde der dunklen Krypten und unterirdischen Gewölbe türmen, finstere Städte, deren Stille nur durch die herabfallenden Wassertropfen gestört wird, durch das Aufleuchten der Fackeln und das flackernde Echo der Schritte derer, die beklommen vorübergehen zwischen jenen Mauern aus Knochen und Zähnen – letztes krampfhaftes Lachen des Nichts.

Und auf der anderen Seite die Gräber der Heiligen, wie zum Beispiel die der Marabute des Islam, die einen größeren Steinhaufen als die normalen Sterblichen haben. Über diesen Erhöhungen wehen kleine Stoffstücke, elendige Fähnchen im Wind, armselige Beweise dafür, daß in den sterblichen Überresten dessen, der da ruht, einst eine höhere Energie wohnte, die wahre Inkarnation der göttlichen Energie. Manchmal ehrt ein makellos weißes Grab einen besonderen Heiligen, wie das des Weisen Rumi in Konya in der Türkei, das von einem riesigen Turban gekrönt ist. Die zugleich entrückte und ergreifende Atmosphäre des Ortes hinterließ in mir eine unvergängliche Erinnerung: ein wirklich heiliger Ort, geheiligt durch die sterblichen Überreste, aber auch durch jene unzähligen Pilger, die kommen, um in Stille das Andenken eines gerechten Menschen zu ehren, um von seiner zeitlosen *Baraka* berührt zu werden, von der Gnade, die von seinem beispielhaften Leben und Tod herrührt. Robert Graves hat diesen Begriff sehr gut definiert: »*Baraka* ist die moslemische Version der Heiligkeit, die den Gebäuden und Dingen anhaftet, wenn sie über Jahre hinweg mit Liebe von Menschen großer Güte benutzt wurden.«[4]

Man muß auch von der seltsamen Stille der Reliquien sprechen, von denen eine Kraft ausgeht, ein wirklicher Hauch der Gebeine, als ob das Gerippe des Menschen, ebenso wie die Steine von Ruinen, eine gewisse Erinnerung an den gewesenen Lebensstrom, an die vergangene Ausstrahlung bewahren würde ...

Eine weitere »Totenstille« muß ich noch erwähnen: die

des leeren Grabes Christi. Nicht daß ich hier das Phänomen der Wiederauferstehung erörtern möchte, dieses Symbol eines perfekten Mythos ist historisch nicht beweisbar. Der einzige nicht wortgebundene Beweis, den wir von der realen Fortsetzung des Wirkens Christi haben, liegt in der lebendigen Gegenwart seiner Lehre, die sogar über seine Kirche hinaus bis heute fortdauert und sogar wiederaufersteht. Der scheinbare Mißerfolg des Todes von Jesus hat sich in immer neue Fragestellungen verwandelt, Geburt des Geistes zu einer anderen Realität, die über der Zeit und der Physis steht. Von eben dieser Stille müssen wir jetzt sprechen. Sie ist eine Waffe, um die Angst vor jener Stille zu bekämpfen, die Einsamkeit heißt.

Warum hat Christus gesagt, daß er bei uns bleiben werde bis ans Ende aller Tage? Er will damit zeigen, daß seine Erfahrung in ihrer unwahrscheinlichen Gedrängtheit nur die Existenz einer Schicht des menschlichen Geistes aufzeigt, einer Ebene, die in uns ist: verborgen, aber zugänglich. Und wie alle Weisen, deren Sprache eine allgemein gültige ist, spricht er zu den Menschen in ihrer eigenen Zeit, ihrem Jahrhundert, ihrer Umgebung. Die Bibel wird heute anders gelesen als gestern: Sie erweist sich, wie jede heilige Schrift, als immer wieder neu. Den Umständen angepaßt.

Eine Überlegung, die auch für die Weisheiten von Buddha, Mohammed oder Lao Tse gilt, um nur diese zu nennen.

Ja, warum sagt Mohammed: »Die Menschen schlummern, erst wenn sie sterben, wachen sie auf«? Dieser Satz wurde in vielen Varianten von allen Propheten, Heiligen, Schamanen, Weisen und Dichtern der Menschheit aufgegriffen. Warum heißt es im Buddhismus, daß wir in diesem Leben sterben müssen, um lebendig in den Tod einzugehen? Warum sagt der Heilige Paulus, als er von Christus spricht, daß der Tod vom Leben verschlungen worden ist?

Es gibt ein winziges Stück Ewigkeit in uns. Tief in unserem bunt zusammengesetzten Ich existiert ein Teil, der vom Nicht-Irdischen kommt und der seinen Weg fortsetzen wird, ohne uns und mit uns zugleich, da wir dazugehören. Das ist das klare Licht, das uns begründet und von dem alle Mystiker sprechen, ein jeder mit seinen Worten im Rahmen seiner Kultur: eine Erfahrung, die den Zeitraum transzendiert, da sie in der Quelle, im Ursprung verwurzelt ist.

Ein Funke, zu dem auch die Liebe gehört: »Wer nicht liebt, bleibt im Tod«, sagt wiederum Christus. Ein reines Bewußtsein, das immer da *ist:* »Mensch, bedenke, daß du Staub bist und zu Staub zurückkehren wirst«, erinnert uns der Ekklesiast, bedenke auch, daß du Licht bist und zu Licht zurückkehren wirst. Und aus diesem Grunde sagt Christus, daß das Himmelreich in uns selbst ist. Der Körper ist ein Tempel des ewigen Geistes, der sich durch unser Leben zeigt.

Physischer Körper, psychischer Körper und spiritueller Körper bestehen nebeneinander in jedem Menschen, und die Unsterblichkeit ist in der sterblichen Substanz in Form eines Stroms, der durch uns fließt, gegenwärtig.

Ganz bewußt Stille in sich selbst zu erzeugen, heißt bereits, diesen Strom zu berühren, dieses Lebensprinzip, das man im Christentum Seele nennt und das Claude Tresmontant einfach als »Informationsprinzip« bezeichnet: ein Prinzip, das eine Materie belebt und ihr eine Form gibt. Jean-Yves Leloup erzählt mir, wie ihn in Moskau ein russischer

Philosoph, als sie gerade an einem Friedhof vorbeigehen, fragt: »Wo ist die Seele da drinnen?« Er antwortete: »Die Seele, das ist genau der Unterschied, der zwischen Ihnen, der Sie hier stehen, und diesem Haufen von Materie besteht.«

Gewiß, der Bruch des Todes kann nur als eine Art Skandal wahrgenommen werden, als ein rohes, brutales Trauma, ein schrecklicher Übergang, ein grauenerregender Vorgang für alle, für die, die noch ein wenig bleiben, und für die, die gehen. Doch wir müssen lernen, den Tod zu erleben, ihn in unser Leben zu integrieren. Auch ein großer Arzt wie Léon Schwartzenberg sagte: »Dieses große, stille Hinübergleiten in den Schatten, das man für gewöhnlich den Tod nennt, sollte von Einfachheit geprägt sein. Ein Mensch hat ein Recht auf seinen Tod, wie er ein Recht auf seine Geburt hat. Das heißt, daß er vor allem ein Recht auf sein Leben hat.«[5] Wir müssen es verstehen, dieses Leben, um »lebendig in den Tod einzugehen«, wie Christus predigte. Gurdjieff[6], dieser Förderer des Erwachens, hatte richtig erkannt, daß ein menschliches Wesen »in seinem Leben ebenso wie nach dem Tod von sehr unterschiedlicher Qualität sein kann«. Der Maschinenmensch, für den alles von äußeren Einflüssen abhängt, hat keinerlei Zukunft: Er ist begraben, und das ist alles. »Er ist nur Staub und kehrt zu Staub zurück. Damit es ein künftiges Leben (welcher Art auch immer) gibt, ist eine gewisse Kristallisation, ein gewisser Zusammenschluß der inneren Qualitäten des Menschen nötig; es ist eine gewisse Autonomie gegenüber äußeren Einflüssen nötig... So wird ›etwas‹ dem

Tod des physischen Körpers widerstehen können...«, schreibt er.

Die Zen-Meister lehren, daß sich der Befreiungsprozeß »jetzt und heute« vollziehen kann und muß. Auf die metaphysischen Fragen antwortete Buddha (Shakyamuni – der Schweigsame der Familie der Shakya) »mit erhabenem Schweigen«. Sein Ziel war es, Angst und Leid zu vermindern durch das Praktizieren von Gewaltlosigkeit, Mitgefühl und Meditation, die Heilung und Selbstverwirklichung des betreffenden Menschen mit sich brachten und die ihn das Mysterium in diesem Leben selbst berühren ließen. Wozu soll es denn gut sein, an künftige Leben, an Reinkarnationen zu denken, wenn man nicht in der Lage ist, *sich selbst zu inkarnieren?* Wie kann man hoffen, in der Stille aufzugehen, wenn man sie nicht zuerst in sich selbst entdeckt?

Thabor. Ort der Transfiguration.

Was bedeutet der Ausspruch Christi »Ich bin die Wahrheit«? Der griechische Begriff *Aletheia* heißt ganz einfach: Ich bin aus meiner Lethargie herausgetreten, ich bin erwacht. In der Wahrheit sein, wahrhaftig sein bedeutet, sich für eine unantastbare Realität zu öffnen, die im stillen seit dem Beginn der Welt zu uns spricht.

Die Worte sind Gefängnisse: Nicht nur, daß sie unentwegt Grenzen setzen, man kann sie auch mißbrauchen und alles mögliche damit zum Ausdruck bringen. Wenn ich daran denke, daß man *metanoia* mit »bekehret Euch« übersetzt hat, und schlimmer noch mit »tut Buße« und »bereut«, wo doch dieser Ausdruck bedeutet, daß das *wir,* der Geist, über sich selbst hinausgehen soll! Welch ein

Unterschied, der mit seinem demütigenden Schwert Generationen von armen unterjochten Gläubigen geprägt hat!

»Verwandelt euch«, »schreitet zur Metamorphose« birgt ganz anderes in sich ..., etwas, was uns viel näherliegt. Diese Veränderung ist in unserem gegenwärtigen Leben realisierbar, ohne daß wir auf irgendeine zukünftige oder zufällige Möglichkeit warten müssen. »Die Seele ruht an der Stelle, wo das *Ich* sich entscheidet. Wir sind alle mit einer Seele ausgestattet, seit wir unsere Existenz im ersten Durchgang riskiert und gerettet haben«, sagt Michel Serres. Die Seele wohnt im Körper.

Ja, der Tod ist die Rückkehr zum Geheimnis der Stille.
Ja, dieses Geheimnis besteht in uns.
Es hat eine Vergangenheit. Es hat eine Zukunft.

Zum Abschluß dieser Überlegungen über den Tod würde ich gerne zwei kürzlich Verstorbenen, deren Werk unser Jahrhundert geprägt hat, wieder das Wort erteilen. Mircea Eliade, der 1957 in seinem Buch *Mythen, Träume und Geheimnisse*[7] schrieb: »Wenn man im Diesseits bereits den Tod kennt, wenn man unzählige Male stirbt, immer wieder, um zu *anderem* wiederaufzuerstehen, folgt daraus, daß der Mensch bereits im Diesseits, auf der Erde, etwas erlebt, was nicht zur Erde gehört, was Teil des Heiligen, der Gottheit ist, er erlebt sozusagen ein *bißchen Unsterblichkeit,* er findet immer mehr Gefallen an der Unsterblichkeit. Folglich darf die Unsterblichkeit nicht als ein Überleben *post mortem* betrachtet werden, sondern als eine Situation, die man sich fortwährend *schafft,* auf die man sich vorbereitet und an der man sogar *schon jetzt,* schon in dieser Welt teilhat. Der

Nicht-Tod, die Unsterblichkeit muß also als Grenzsituation aufgefaßt werden, als ideale Situation, die der Mensch mit seinem ganzen Sein anstrebt und die er sich zu erobern bemüht, indem er fortwährend stirbt und wiederaufersteht.«

Auch Krishnamuti hat sich ins Schweigen zurückgezogen, nachdem er soviel gesprochen hatte. Allein seine Bücher werden stumm weitersprechen. Seine Bücher und die Exegeten.

Als sein Tod bekannt wurde und die Zeitung *Libération* telephonisch Auskunft über den Menschen einholen wollte, kam es nicht zu stiller Sammlung. Die Freunde, die an jenem Tag im Hause anwesend waren, äußerten ihre Meinung über den Mann, über sein Wirken:

Ätzende Metaphysik, die die Rückbesinnung auf sich selbst fördert...

Seine absolute Aufrichtigkeit...

Was hinterläßt er? Nichts, keine effiziente Praxis, nur Reden...

Aber er war ein moderner Sokrates..., etc.

Krishnamuti, der sagte in den *Saanener Gesprächen:* »Wir wissen, was der Tod ist, wir kennen die außerordentliche Angst, die er hervorruft. Es ist eine Tatsache, daß wir alle sterben werden, ob es uns gefällt oder nicht. Also rationalisieren wir den Tod oder flüchten in Glaubensüberzeugungen, Karma, Reinkarnation, Wiederauferstehung oder was auch immer, die unsere Angst im Verlauf unserer Flucht nur noch mehr schüren. Die Frage ist nur: Sind wir radikal genug zu erfahren, ob es möglich ist, völlig frei von Schmerz zu sein, nicht in der Zukunft, sondern jetzt, in der Gegenwart.«

Auch er jedenfalls hat versucht, frei zu leben.

Elohim – Die Lehre Gottes

Die wirklich wichtigen Dinge werden anders gelernt als durch Worte.

Aus einem alten Meßbuch

Die Schöpfungsgeschichte im Alten Testament sagt: »Im Anfang (Bereshith) *schuf* Gott (Elohim) Himmel und Erde. Die Erde aber war wüst und wirr, Finsternis lag über der Urflut, und Gottes Geist schwebte über dem Wasser. Gott *sprach:* Es werde Licht. Und es wurde Licht.« (Genesis 1, 1–3)[1]

Dies also ist der erste Tag der Schöpfung, wie ihn das Pentateuch, jenes Gesetz, auf dem Judentum, Christentum und Islam beruhen, schildert.

Erste Frage: Gott hat die Welt geschaffen – wer aber hat Gott geschaffen?

Rabbi Josy Eisenberg sagt, die Antwort auf diese Frage könne nur Staunen und Schweigen sein. Unser Geist ist unfähig, sich ein ungeschaffenes Wesen vorzustellen, denn nichts von alldem, was er auf Erden gesehen hat, ist ungeschaffen.

Die Bibel beginnt mit einem Postulat – dem Postulat der Existenz Gottes. Also gibt es *vor dem Anfang* eine Geschichte: die Geschichte Gottes.

Die Thora beginnt mit dem Buchstaben *beth,* dem zweiten Buchstaben des hebräischen Alphabets. Der Welt der Dualität (Himmel–Erde, Licht–Dunkelheit...) war, bevor sie erschaffen wurde, die Welt der Einheit vorangegangen. Das Ur-*aleph* und die ganze kabbalistische *Guemetria* gehen von diesem einzigen Punkt aus. Mit der *Eins* allein kann man, ohne zu addieren oder zu dividieren, keinerlei Rechnung anstellen. Die Möglichkeit zu zählen, zu rechnen, ja sogar zu benennen, beginnt, wenn es *zwei* gibt. Erst nachdem er den Himmel und die Erde geschaffen hat, nachdem er die Trennung vollzogen hat, beginnt Elohim zu sprechen. Der *Geist* wird dann *Laut* (Wort), und dieser Laut durchzuckt die finstere Stille und schafft das Licht.

Es ist bemerkenswert, daß in wenigen Zeilen sowohl die Materie als auch die sie umgebende Leere auftauchen, die Urflut und der Wind des befruchtenden Bebens, die Nacht und der Tag, die Unbeweglichkeit und der Impuls der Bewegung, die endlose Weite der Stille und die Erschütterung der akustischen Schwingungen, die diese Stille durchläuft. Die Zahl und der Buchstabe.

Alle komplementären Gegensätze sind vorhanden, und die Schöpfung, dieses ungeheure Paradoxon, trägt somit alle notwendigen Bestandteile in sich, um sich in Raum und Zeit zu entfalten, so auch die vier Elemente Wasser, Luft, Erde und Feuer, denn in dem Wort Anfang selbst findet man den Wortstamm *Esh* (Feuer), das zu *Ish* wird, was man mit »Mann des Feuers« übersetzen kann, also der Mann des Geistes, der dem Mann der Erde vorangeht (*Adam* kommt von *Adamah:* Erde).

Diese umfassende Lesart der Genesis, wie sie in der Kabbala üblich ist, läßt uns jenen berühmten sechsten Tag besser verstehen, als Elohim »den Menschen als sein Abbild« schuf. »Als Mann und Frau schuf er sie.« Verständlicher wird für uns die erstaunliche Geschichte der Trennung der beiden Geschlechter und der Geburt Evas *(Isha)*, aus der Rippe geschaffen, »Bein von meinem Bein und Fleisch von meinem Fleisch«, wobei wichtig ist, daß diese Geburt sich erst im zweiten Kapitel ereignet. Aus dieser Erzählung könnte man fast folgern, daß die menschliche Weisheit der Schöpfung präexistent oder vielmehr Bestandteil ihrer Organisationsstruktur ist und dabei doch schon keimhaft vorhanden.

Dann sagt Elohim zu ihnen: »Seid fruchtbar und vermehrt euch, bevölkert die Erde, unterwerft sie euch...« (Genesis I, 28), und dies, um die Organisationsaufgabe des Ursprungs fortzusetzen. Es ist ein regelrechter Plan, der in den ersten Seiten der Heiligen Schrift abläuft, ein Programm, das bereits in den Strukturen des Urwesens festgelegt ist und das sich nun im Menschen manifestiert.

Die Pervertierung des Programms, jener Bruch der Vasen, von denen die Kabbalisten sprechen, kommt erst später in der Gestalt der Schlange als Verführerin. Sie wird das Modell Mensch um den Krieg bereichern. Krieg zwischen dem Menschen und der Natur und dem Tier, Krieg zwischen Mann und Frau. Erst muß die Differenzierung zwischen Gut und Böse erlebt werden, bevor diese Pervertierung des ursprünglichen Programms eintritt.

Wie das?

Auch hier wieder sind es Geschichten um das Schweigen, das Hören und Sprechen. Denn die »listige« Energie der Fragen stellenden Schlange, jenes schönen Symbols der niederen, dunklen Psyche, pervertiert die Unschuld von Evas Bewußtsein und drängt sie, aus ihrer Blindheit herauszutreten und das Wissen Elohims zu teilen. Während Adam *schweigt,* erwacht Ehrgeiz, erwacht der Wunsch nach mehr in der Frau, in Isha, die dem Feuer und der Erde entsprungen ist. Adam schweigt sogar noch, als er von der Frucht vom Baum der Erkenntnis ißt; er ergreift erst dann wieder das Wort, als Elohim ihn verhört: Seine Verfehlung gibt er sofort zu, jedoch indem er aus typisch männlicher Feigheit seine Gefährtin damit belastet. Die Bibel weist Adam übrigens nicht die edlere Rolle zu. Er wirkt eher feige, wehleidig, und das ehrt ihn nicht sonderlich. Von Elohim hat er verlangt, er möge seine bessere Hälfte – im wahrsten Sinne des Wortes – nicht in ihm belassen, sondern sie ihm zur Seite stellen, aber das hindert ihn nicht daran, sie zu verunglimpfen, sobald die Sünde, die er feige verrät, begangen ist. Eva hingegen ergreift die Flucht nach vorn, sie versucht, sich weiterzuentwickeln, mehr zu erfahren, und danach gesteht sie ehrlich und ohne falsche Scham ihren kleinen Diebstahl ein. Für den muß sie bekanntlich schwer büßen, wird sie doch »unter Schmerzen Kinder gebären« müssen, womit der erfreulichen Aussichten aber längst nicht genug ist.

Die Rabbiner erzählen übrigens, daß die Versuchung erst an Adam und Eva herantrat, nachdem sie miteinander geschlafen hatten. Der satte, befriedigte Mann soll eingeschlafen sein, während die Frau, angefüllt mit dem Samen des Mannes, in diese einzigartige weibliche Zeitspanne eingetreten sein soll, die zwischen der Wollust – die wir auch Eva wünschen – und der Niederkunft liegt.

Adam schläft nach vollzogenem Akt, umfangen von Gegenwart – der »kleine Tod« hat ihn ereilt –, während Eva eine Zukunft voller Möglichkeiten betritt. Diesen günstigen Augenblick soll die Schlange gewählt haben, um das Werk der Versuchung zu beginnen. Eine hübsche, eine symptomatische Geschichte.

Wie dem auch sei, von diesem Zeitpunkt an kam Unheil über sie, Leiden und Tod. Als sie auf das Angebot der Schlange eingingen, das heißt, als sie dem Traum und dem Rausch des Willens zur Macht nachgaben, prägten unsere leiblichen Vorfahren der ganzen Menschheit eine unauslöschliche Tendenz auf, die in der ganzen Evolutionsgeschichte immer wieder deutlich wird, diesem langen Kampf zwischen den positiven und den negativen Energien, zwischen den Todesmächten und dem Lebenswillen.

Moses sagt jedoch ganz klar im Deuteronomium (XXX,19), wobei er Jahwe sprechen läßt: »Leben und Tod lege ich dir vor, Segen und Fluch. Wähle also das Leben...« Ist dies nicht der schönste Ratschlag, der je dem Menschen gegeben wurde? Selbst wenn man weiß, daß am Ende des Weges der Wechsel in den Tod stattfindet, muß man um das Leben kämpfen, denn es wurde uns gegeben, und vielleicht wird es uns nur scheinbar wieder entzogen.

Mit dem Leben existiert auch das Gewissen. Es ist das Feuer des Ursprungs. Es liegt an uns, dieses Feuer in uns zu schüren, auf daß die Flamme weiterhin Licht spendet und die Schöpfung sich in jedem Augenblick fortsetzt – Ordnung im Chaos, Leben im Tod, Licht im Dunkel.

In dieser Meditation über das Alpha und das Omega habe ich den Ratschlag übergangen, den uns Rimbaud in seinem berühmten Brief an Paul Demeny erteilt: »Schwächliche Leute denken und denken über den ersten Buchstaben nach und könnten bald einmal im Wahnsinn hinten ausschlagen.«[2] Geht es jedoch in dieser Erforschung der Geheimnisse einer Schöpfung, in der der Mythos zum Symbol wird, nicht um ein *Jenseits des Denkens?* Das dem stummen Kampf zwischen Jakob und dem Engel gleichkommt? Zwischen Jakob und seinem Ebenbild?

Das Schlimmste, was den Menschen der Bibel zustoßen kann, ist das Schweigen Jahwes. Zum Glück spricht er häufig aus dem Mund seiner diversen Propheten, zum Glück ist Jahwe ein relativ geschwätziger Gott, der es versteht, sein Volk streng zurechtzuweisen und auszuschimpfen, wobei er durchaus auch in der Lage ist, seine treuen Diener, wie zum Beispiel Hiob, ohne Nachricht krank in ihrem Saft schmoren zu lassen, um sie auf die Probe zu stellen. Dieser arme Hiob, der einst reich und sehr geachtet war – »Auf mich horchten und warteten sie, lauschten schweigend meinem Rat. Wenn ich sprach, nahm keiner das Wort; es träufelte nieder auf sie meine Rede. Sie harrten auf mich wie auf Regen, sperrten den Mund wie nach Spätregen auf (...) Ich bestimmte ihr Tun, ich saß als Haupt, thronte wie ein König inmitten der Schar, wie einer, der Trauernde tröstet« (Ijob XXIX,21–25). – nun ist er ruiniert, von vielerlei Übel befallen, und er jammert:

»Er warf mich in den Lehm, so daß ich Staub und Asche gleiche.

Ich schreie zu dir, und du erwiderst mir nicht.« (Ijob XXX,19–20)

Das Schweigen Gottes ist in der Bibel die höchste Strafe. Aber:

»Alle Welt schweige in der Gegenwart des Herrn.« (Sacharja II,17) Denn: »Gut ist es, schweigend zu harren auf die Hilfe des Herrn.« (Klagelieder III,26)

Das wartende, das dem göttlichen Schweigen unterworfene Schweigen ist das Los der Menschen.

Im Buch der Sprichwörter – den sogenannten Worten Salomos – haben sich mir die schönsten Bibelstellen über das Schweigen und das Reden offenbart:

»Eine Stadt kommt hoch durch den Segen der Redlichen, durch den Mund der Frevler wird sie niedergerissen.

Wer den Nächsten verächtlich macht, ist ohne Verstand, doch ein kluger Mensch schweigt.

Wer als Verleumder umhergeht, gibt Geheimnisse preis, der Verläßliche behält eine Sache für sich.« (XI,11,12,13)

»Die Gedanken der Gerechten trachten nach Recht, die Pläne der Frevler sind auf Betrug aus.

Die Reden der Frevler sind ein Lauern auf Blut, die Redlichen rettet ihr Mund.« (XII,5–6)

»Wer seinen Mund und seine Zunge behütet, der behütet sein Leben vor Drangsal.« (XXI,23)

An dieser Stelle muß ich auch den Psalm 19 zitieren, der eine wahre Hymne an die Schöpfung ist (Psalm XIX,2–5):

»Die Himmel rühmen die Herrlichkeit Gottes,
vom Werk seiner Hände kündet das Firmament.
Ein Tag sagt es dem andern,
eine Nacht tut es der andern kund,
ohne Worte und ohne Reden,
unhörbar bleibt ihre Stimme.
Doch ihre Botschaft geht in die ganze Welt hinaus,
ihre Kunde bis zu den Enden der Erde.«

Auch eine Art und Weise, uns die Kräfte zu schildern, die in der Stille des Schöpfungsgeheimnisses agieren, jenes Geheimnisses, das sich stets erneuert, *hic et nunc,* – Mircea Eliade ruft es uns eindringlich ins Gedächtnis – in einer ewigwährenden Gegenwart.

Dann gibt es auch noch die sehr schöne Geschichte des Propheten Elias, der den »Berg Gottes« besteigt, den Berg Horeb. Dort betritt er eine Höhle, wo er die Nacht verbringt. Am nächsten Morgen weht ein heftiger Sturm, aber Jahwe ist nicht im Sturm. Nach dem Sturm kommt ein Erdbeben, aber Jahwe ist nicht im Erdbeben. Danach kommt das Feuer. Aber Jahwe ist nicht im Feuer.

Nach dem Feuer kommt »ein sanftes, leises Säuseln«. Als er das hört, hüllt Elias sein Gesicht in den Mantel und stellt sich an den Eingang der Höhle. Dann vernimmt er eine Stimme, die ihm sagt: »Was willst du hier, Elias?«

Der schreckliche »Gott der Heere« offenbart sich hier also in einem »sanften, leisen Säuseln.« (1. Buch der Könige, XIX,9–14) Diesen Satz könnte man auch, so sagt Annick de Souzelle, folgendermaßen übersetzen: »eine Stimme, so leise, als wäre sie zerstäubt«.

Schließlich kann man nicht umhin, zu dieser kleinen Sammlung auch das *Liber Ecclesiasticus* zu zitieren:

»Manche Ermahnung geschieht zur Unzeit;
mancher schweigt, und der ist weise.
Keinen Dank erntet, wer den Zornigen zurechtweist.«

(Jesus Sirach, XX,1–2)

»Mancher schweigt und gilt als weise,
mancher wird trotz vielen Redens verachtet.

Mancher schweigt, weil er keine Antwort weiß.
Mancher schweigt, weil er die rechte Zeit beachtet.
Der Weise schweigt bis zur rechten Zeit,
Der Tor aber achtet nicht auf die rechte Zeit.«

(Jesus Sirach, xx,5,6,7)

Das aufmerksame Schweigen macht es möglich, daß man genau die richtige Zeit abwartet. Und demzufolge, daß man richtig handelt.

Ich setze mich in den Schatten eines Olivenbaumes und schlage meine Bibel auf, die schöne Pléiade-Ausgabe. Die Verfasser dieser hervorragenden französischen Übersetzung des Neuen Testaments – Jean Grosjean und Michel Leturmy – haben auch eine Konkordanztabelle der Begriffe erstellt.

Ich suche nach dem Wort *Silence,* »Stille« und stelle mit Staunen fest, daß es auf 909 Seiten nur fünfmal vorkommt. Nicht ein einziges Mal wird dieses Wort Jesus selbst in den Mund gelegt, wo er doch die Tauben zum Hören und die Stummen zum Reden bringt! Wo er doch dem Wind und der See befiehlt: »Schweig, sei still.« (Markus 4,39) »Als das Volk das hörte, war es über seine Lehre bestürzt.« Die Pharisäer sind erstaunt, »daß Jesus die Sadduzäer zum Schweigen gebracht hatte« – »Und niemand konnte ihm darauf etwas erwidern, und von diesem Tag an wagte keiner mehr, ihm eine Frage zu stellen.« (Matthäus xxii,33–34,46)

Das Wort »still« kommt zunächst in der Apostelgeschichte vor (xxi, 40), wo Lukas erzählt, daß Paulus, der in Jerusalem mit einer Horde von haßerfüllten Juden konfrontiert wird, den Tribun, der ihn wegen öffentlichen Aufruhrs festgenommen hat, bittet, das Wort an das Volk richten zu dürfen. Die Bitte wird ihm gewährt:

»Als der Oberst es erlaubte, stellte sich Paulus auf die Freitreppe und gab dem Volk mit der Hand ein Zeichen. Alles wurde *still,* und er redete sie in hebräischer Sprache an: ›Brüder und Väter! Hört, was ich euch zu meiner Verteidigung zu sagen habe.‹ Als sie hörten, daß er in hebräischer Sprache zu ihnen redete, waren sie noch stiller.«

Da erzählte ihnen Paulus von seiner Bekehrung auf dem Weg nach Damaskus: »Als ich nun unterwegs war und mich Damaskus näherte, da geschah es, daß mich um die Mittagszeit plötzlich vom Himmel her ein helles Licht umstrahlte. Ich stürzte zu Boden und hörte eine Stimme zu mir sagen: Saul, Saul, warum verfolgst du mich?« Und Paulus fügt hinzu: »Meine Begleiter sahen zwar das Licht, die Stimme dessen aber, der zu mir sprach, hörten sie nicht...« – ein Satz aus dem man ableiten könnte, daß die Botschaft Gottes, die ganz aus Schweigen besteht, nur für diejenigen vernehmbar wird, die sie hören sollen.

Im Ersten Brief an Timotheus, jener Botschaft, die Paulus an einen Mitstreiter schickte, der sich danach um die Kirche von Ephesus kümmerte, dem Brief, in dem er die Grundprinzipien, die die christlichen Gemeinden leiten sollen, präzisiert und erklärt, heißt es: »Ich will, daß die Männer überall beim Gebet ihre Hände in Reinheit erheben, frei von Zorn und Streit.« (1. Brief an Timotheus II,8) Er fügt hinzu, daß die Frauen nur in anständiger Kleidung Gott anbeten dürften. Seine Worte scheinen uns heutzutage für eine typisch phallokratische Anschauung zu stehen. Gleich zweimal wird in diesem Text das Adjektiv »still« gebraucht, und zwar im traditionellen jüdisch-christlichen Kontext: »Eine Frau soll sich *still* und in aller Unterordnung belehren lassen. Daß eine Frau lehrt, erlaube ich nicht, auch nicht, daß sie über ihren Mann herrscht: sie soll sich *still* verhalten. Denn zuerst wurde Adam erschaffen, danach Eva. Und nicht Adam wurde verführt, sondern die Frau ließ sich verführen und übertrat das Gesetz. Sie wird aber dadurch gerettet werden, daß sie Kinder zur Welt bringt, wenn sie in Glaube, Liebe und Heiligkeit ein besonnenes Leben führt.« (1. Brief an Timotheus, II,11–15)

Was gibt es zweitausend Jahre danach zu sagen über dieses Bild der Frau, die schweigen soll? Diese Prinzipien der Unterdrückung findet man auch im ersten Petrusbrief wieder. Dort heißt es: »Ebenso sollt ihr Frauen euch euren Männern unterordnen, damit auch sie, falls sie dem Wort des Evangeliums nicht gehorchen, durch das Leben ihrer Frauen *ohne Worte* gewonnen werden. (...) Nicht auf äußeren Schmuck sollt ihr Wert legen, auf Haartracht, Gold und prächtige Kleider, sondern was im Herzen verborgen ist, das sei euer unvergänglicher Schmuck: ein sanftes und ruhiges Wesen.« (1. Petrusbrief, III,1–4)

Und schließlich verwendet auch Johannes in der Apokalypse unser Schlüsselwort, und zwar an jener berühmten Stelle, wo die Offenbarung des Propheten, die das Ende der Zeiten ankündigt, an ihren Höhepunkt gelangt: »Als das Lamm das siebte Siegel öffnete, trat im Himmel Stille ein, etwa eine halbe Stunde lang. Und ich sah: Sieben Engel standen vor Gott, ihnen wurden sieben Posaunen gegeben ...«

(Offenbarung des Johannes, VIII,1–2) Täterätäh! Lärm und Getöse – die Stille hat also nicht lange angehalten!

In seiner Einleitung zur Offenbarung des Johannes schreibt Jean Grosjean, man könne ja die berühmte Formel umkehren und sagen, daß hier der Tod die Summe der Kräfte sei, die im jeweiligen Moment gegen das Leben ankämpfen – dies als Kommentar zu einem der letzten Sätze des Johannes, der Christus zitiert und sagt: »Wer will, empfange umsonst das Wasser des Lebens« (Offenbarung XXII,17), das heißt, er möge zur Realität erwachen, anstatt zu träumen.

Das wahre Echo der Stille finde ich jedoch in folgenden Sätzen des ersten Johannesbriefes: »Wir wissen, daß wir aus dem Tod in das Leben übergegangen sind, weil wir die Brüder lieben. Wer nicht liebt, bleibt im Tod. (...) Meine Kinder, wir wollen nicht mit Wort und Zunge lieben, sondern in der Tat und Wahrheit...« Ein wunderschöner Satz, denn er gemahnt an das Schweigen Christi, das sowohl in der Wüste als auch am Kreuz nicht beredet, sondern gelebt wird.

Man muß in Wirklichkeit bis zum apokryphen Evangelium des Thomas vordringen, um im Logion 50 nicht etwa das Wort selbst, sondern eine mir grandios erscheinende Definition vorzufinden: »Jesus sagte: ›Wenn sie euch fragen: Woraus seid ihr geboren? Antwortet, wir sind aus dem Licht geboren, dort wo das Licht aus sich selbst geboren ist; es ist emporgestiegen und hat sich in ihrem Bild offenbart.

Wenn sie euch fragen: Welches ist das Zeichen eures Vaters, der in euch wohnt? Antwortet: *Es ist eine Bewegung und eine Ruhe.*‹«

Die kurzen Äußerungen und Weisungen Christi kamen

aus der Stille und kehrten wieder in die Stille zurück. Viele hören seinen Worten zu, aber wenige seinem Schweigen. Und doch heilt er im Schweigen.

Erweckt er im Schweigen die Seele.

Pontius Pilatus fragt Jesus: »Was ist die Wahrheit?« und Christus schweigt.

Die unendliche Last seines Schweigens fordert uns dazu auf, die Wahrheit zu leben, anstatt darüber zu diskutieren. Es geht nicht darum, die Wahrheit zu »besitzen« und sie durchzusetzen, sondern Wahrheit zu sein, Wahrheit zu werden.

Wahr sein.

In Band III seiner *Méthode*[3] schreibt Edgar Morin: »Was ist ein Geist, der fähig ist, sich ein Hirn vorzustellen, das fähig ist, einen Geist zu schaffen?« Und schließlich stellt er fest: »Unsere Vernunft ist noch nicht zu ihrer vollen Entfaltung gekommen, unser Bewußtsein ist vorerst noch barbarisch. (...) Unsere geistigen Möglichkeiten sind noch unterentwickelt, und bisher haben die Zivilisationen nur deren eindimensionale Entwicklung erlaubt.«

Eine Vision für das 3. Jahrtausend? Ja.

Ruhe und Meditation

Die Läuterung des Geistes
Wird auf folgende Weise herbeigeführt:
Zuerst: sich konzentrieren.
Nicht über das Ohr, sondern über den Geist hören.
Nicht über den Geist, sondern über den Atem hören.
Das Ohr hört, der Geist gibt wieder.
Nur der Atem richtet sich nach allen Gegebenheiten,
Da er leerer Wind ist.
Und das Tao ist über der Leere,
Die Leere läutert den Geist.
In die Leere des Geistes dringt das Licht
Wie die Landschaft durch das Fenster eines leeren Raumes.

TSCHUANG-TSE

Das Wesen des Zen-Buddhismus und der Stille sind eins. Das eigentliche Prinzip der von Buddha gepriesenen Meditation liegt nämlich in dem begründet, was er »ruhige Stille und innerer Blick« nennt. Was bringt »die stille Ruhe, die sich im Innern entfaltet hat? Die Erweiterung des Bewußtseins. Die vielfältigen Wünsche und das Verlangen werden nicht mehr überbewertet und können aufgegeben werden. Und welchen Nutzen bringt die entfaltete Innerlichkeit? Durch sie kann die Weisheit zum Tragen kommen, die Weisheit, die dazu führt, daß die Fesseln der Unwissenheit gesprengt werden...« So sprach Buddha vor zweitausendfünfhundert Jahren zu seinen Schülern und begründete damit eine wahre Wissenschaft der Introspektion[1], die heute vom Abendland wiederentdeckt wird.

Ich spreche mit Absicht von Wissenschaft: schon immer hat es mich erstaunt, daß uns das Christentum beispielsweise keine auf das tägliche Leben anwendbare, moderne Methode aufzeigt, die es dem Menschen ermöglicht, auf dem Wege hin zum Erwachen seines Geistes wirkliche Fortschritte zu machen. Natürlich gibt es die Klausur, die Gewissenserforschung, das Gebet, die Beichte, die Kommunion, lauter Handlungen der Selbstaufgabe, die es ermöglichen, die eigenen Schwächen zu betrachten und sich einer Wirklichkeit zu öffnen, die als transzendent bezeichnet wird, die aber im Grunde zunächst die Öffnung zur inneren Stille ist.

Der Buddhismus hingegen, insbesondere seine japanische Form des Zen oder der Ch'an in China, hat uns eine Methode der Selbstanalyse hinterlassen, die jeder anwenden kann, ohne seinen religiösen und philosophischen Glauben aufzugeben oder einen solchen anzunehmen. Es geht dabei ganz einfach darum, eine Körperhaltung einzunehmen, die die drei Hauptlinien unseres Organismus anregt: den *Atemfluß,* der tief und langsam aus der Bauchhöhle heraus erfolgen muß, die *aufrecht gehaltene Wirbelsäule,* diese Zentralachse, in der sich unsere wesentlichste Substanz und das Nervensystem samt Sympathikus befinden, und schließlich unsere *zentrale Schaltstelle, das Gehirn,* wobei diese drei Elemente eine unauflösliche Einheit bilden.

Diese Haltung, *Zazen* genannt, das Sitzen im Zen, das ich immer in meiner Umgangssprache *Zaz* nenne, ist höchst modern: sie bringt tiefe Meditation mit intensiver, doch unbeweglicher Körperhaltung in Einklang, ist stille Rast im tagtäglichen Trubel. Man muß also in Sitzhaltung mit verschränkten Beinen und geradem Rücken verweilen, die Aufmerksamkeit ist auf das kräftige Ausatmen gerichtet; die Augen sind halb geschlossen, und das Bewußtsein geht vom Zustand des Denkens in den des Nicht-Denkens über, vorbei an all diesen Bildern, die wieder und wieder im Spiegel unseres Geistes vorüberziehen, in dem der Mensch sich offenbart und keine Maske mehr möglich ist, da nun der einzige Zeuge das eigene Ich ist.

»Und das Auge in seinem Grabe schaute Kain«, die Haltung ist das Grabmal, *der Blick nach innen ist der einzige Zuschauer unseres Wesens, das in seinen Phantasien und Problemen gefangen ist.*

Doch seien wir weniger dramatisch. Es gibt weder Richter noch Urteil bei dieser Konfrontation mit dem eigenen Ich. Es tritt vielmehr eine heilsame Klärung ein. Warum? Im Laufe der Minuten, die in dieser aktiven Regungslosigkeit zeitlos vergehen, wird man der Phantasien überdrüssig, und die diversen Schwierigkeiten, die uns keine Ruhe lassen, werden nicht mehr überbewertet. Bei Lärm und Unruhe wird jedes Problem zu einem unbezwingbaren Berg. Kommt die Bewegung zum Stillstand und tritt Ruhe ein, wird dasselbe Problem wieder zu einem Element unter anderen, und selbst wenn es schmerzt, selbst wenn es beängstigend ist, so nimmt es doch nicht überhand, dringt nicht mehr auf tyrannische Weise in den Bereich des Bewußtseins ein; die ganze Kraft der Haltung – der Körper ist gespannt wie ein Bogen –, die ganze Kraft der Atmung – Wind, der den Gifthauch hinwegfegt – hilft dabei, diesen wilden Tiger, den Geist, zu beherrschen, ihn zu zähmen, zu dressieren.

Nun kommt die innere Erleuchtung, Mond in einem leeren Raum, Sonne auf einem einsamen Strand, auf dem die Brandung soeben erstorben ist.

Nun kommt die wahre Ruhe.

Und eine neue Energie erwächst in uns, durch die man der äußeren Realität mit mutiger Entschlossenheit, mit ruhigem, unbeirrbarem Willen trotzen kann. In heiterer Gelassenheit, mit klarem Blick.

Dies ist eine echte psychosomatische Therapie, eine Methode zur geistigen Gesundung. Übung der Stille und innere Erneuerung. Was ist der Wahnsinn anderes als der durch seinen eigenen Lärm, sein eigenes Getöse zersplitterte Geist? Die meisten unserer Zeitgenossen atmen falsch, leiden unter

Rückenschmerzen und werden von Gedanken heimgesucht, die in ihnen kreisen wie ein Fliegenschwarm um verdorbenes Fleisch. Es gibt eine Körper- und Geisteshaltung, die gegen diese zermürbende Neigung ankämpfen kann und uns lehrt, daß Streß dröhnende Erschöpfung, zerreißendes Getöse, verwirrendes Tohuwabohu ist, die schwere Störungen zur Folge haben, wohingegen die Entdeckung der inneren Ruhe Frieden und wiedergefundenes Gleichgewicht bedeutet.

Eines Tages, kurz vor seinem Tod, fragte ich den Zen-Meister Taïsen Deshimaru: *»What really about silence?«* Er zuckte mit den Schultern und sagte dann mit seiner kräftigen, schroffen Stimme: *»In silence cosmic order can penetrate.«* Ja, in der wiedergefundenen inneren Stille kann man wahrlich eins werden mit der Energie, die dem Kosmos Leben verleiht und uns bewegt. Wir sind dann im Zentrum des Zyklons, der Zone, in der kein Hauch sich regt.

Wir sind der Hafen inmitten des Sturms, wir sind ein Fixpunkt, um den sich die Welt dreht und artikuliert.

Es gibt eine Menge Geschichten im Zen, die von der Stille handeln. Meister Deshimaru sagte, daß der unsterbliche Geist aus der Stille erwachse, und fügte hinzu: »Das heutige Leben ist laut und disharmonisch. Mit jeweils unterschiedlichen Methoden sind Yoga und Zen Wege zurück zur Stille, und die Stille ist unser innerstes Wesen. Das ewige Bewußtsein existiert lautlos vor unserer Geburt und über unseren Tod hinaus. Schweigen, das heißt zurückkehren zum Ursprung der menschlichen Natur. Die Stille anrufen, das heißt, aus der Stille heraus sprechen. Die Worte gehen in die Tiefe, jedes einzelne Wort trifft den Kern.«[2]

Der Ausdruck *I shin den shin,* der wortwörtlich »von Geist zu Geist« bedeutet und den Meister Deshimaru mit »von meiner Seele zu deiner Seele« übersetzte, ist der Zen-Begriff, der die schweigende Kommunikation zwischen zwei Menschen definiert. Meine Reisen nach Japan haben mir gezeigt, wie stark diese Art der Beziehung im japanischen Alltag verwurzelt ist.

In der westlichen Welt glaubt man immer, daß es der Sprache bedarf, um sich mitzuteilen, und das Schweigen in Gegenwart von anderen wird schnell drückend, so daß man möglichst bald irgend etwas sagt, um dem Unbehagen entgegenzuwirken, um die Angst vor der Langeweile auszuräumen. Das ist eine Krankheit des Geistes, die wir bereits ausführlich besprochen haben.

Die Furcht vor der Stille schafft eine oberflächliche Kultur, ja eine oberflächliche Zivilisation. Jene intensiv erlebten Augenblicke, in denen man sich in den Schwingungen seiner Umgebung in einer Art alles durchdringenden Osmose zwischen den Menschen treiben läßt, bleiben einem vorenthalten. Statt dessen setzt man sich in Szene und redet, man gibt Gedanken von sich, die häufig von betrüblicher Banalität sind.

Eines ist unerläßlich für einen jeden, der darum bittet, sprechen zu dürfen und doch nicht weiß, wie: *Man muß ihn zunächst schweigen hören.*

Bodhidharma, der große aus Indien stammende Patriarch, der im 6. Jahrhundert nach Christus die buddhistische Meditation in China einführte, wo sie zum Ch'an wurde, hatte der Ausübung seiner Lehre zwei Prinzipien zugrunde gelegt: den Geist durch den Geist, also jenseits der Sprache, vermitteln, um die Substanz des menschlichen Geistes zu wecken, dieses Wesen des Buddha, das jeder von uns in sich trägt.

Die Legende dieses Bodhidharma – Daruma auf japanisch – berichtet uns von den neun Jahren, die er in Stille und Schweigen verbracht haben soll. Er habe, einer steilen Wand gegenübersitzend, meditiert, und sein Geist sei gegenüber dem Tanz der Welt und des Alls ebenso unbeweglich geblieben wie der Fels. Da auch der Fels aus sich bewegenden Teilchen besteht, bedeutet dies, daß einzig die Dichte der einzelnen Situation sich ändert.

Seltener wird der sehr tiefgründige Bericht zitiert, der von der »Wahren gesetzesverkündenden Schule« überliefert wurde: Nach dem Tode seines Vaters, eines gerechten Mannes, dessen Todeskampf seinen Sohn auf schreckliche Weise geprägt hat, bleibt Bodhidharma – damals Bodhitrâta genannt – allein am Grabmal zurück und beginnt eine andächtige Meditation. Als sieben Tage der Zurückgezogenheit vorüber sind, fragen ihn seine beiden Brüder, warum er dies getan habe, worauf er ihnen antwortet: »Ich wollte sehen, wohin mein Vater gegangen war, aber ich habe nichts anderes gesehen als die Sonne, die auf Erden und im Himmel scheint.«[3] Was einfach bedeutet, daß die Dinge sich unaufhaltsam fortsetzen und daß es vergeblich wäre, sie aufhalten zu wollen.

Die Persönlichkeit dieses Patriarchen hatte eine nachhaltige Wirkung auf die gesamte Geschichte des Ch'an und des Zen, in der es nur so wimmelt von Fragen, die Schüler ihren

Meistern stellen: warum sie nach China gekommen seien und worin der Sinn ihres Handelns liege. Und die Antwort wird fast immer in Form einer Nicht-Antwort erteilt: »Stelle die Frage einem Pfeiler«, erwidert Ch-t'eou dem Schüler, der insistiert: »Ich verstehe nicht.« »Ich auch nicht«, entgegnet der Meister. Meister King-chan antwortet lediglich, daß die Frage nicht zum Thema gehöre. Der Mönch läßt nicht locker. Wie soll man sie denn sonst stellen? Und königlich spricht der Meister: »Das sage ich euch, wenn ich tot bin.« Ein anderer Meister zuckt mit den Schultern und sagt verächtlich: »Diese Frage ist nichts anderes, als wenn du Wasser am Ufer des Flusses verkaufen willst.« Noch ein anderer verrät: »Du hast mal wieder den alten Weg eingeschlagen ...« Oder er spricht von den Zypressen im Hof oder dem frischen Lüftchen seines Fächers ..., und viele antworten ganz einfach mit einer Geste und schweigen.

Alle wollen im Geist des Schülers, der sucht und sich selbst sucht, einen Schock auslösen, einen Geistesblitz in seinem Bewußtsein erzeugen, in dem Gedanken und Fragen umherwirbeln. Denn die Meister wissen, daß die Geisteskrankheit geheilt wird durch den Zustand absoluten Hierseins, Auge in Auge mit der einzigen Wirklichkeit, die hier und jetzt, in diesem Moment, existiert. Das nennt man »aus dem Traum erwachen«.

Manche Meister schöpfen aus dem Grunde ihrer Stille auch noch radikalere Mittel, um ihre Schüler zu wecken, und der berühmte »Weckstab«, der im Zen *Kyosaku* genannt wird, trägt seinen Namen zu Recht. Andere gehen sogar noch weiter, so zum Beispiel der große Meister Rinzai Ma Tsu, der die berühmte Frage, warum Bodhidharma aus dem Westen gekommen sei, mit einem gewaltigen Fußtritt beantwortet, durch den Chouai Lia auf seinem Hinterteil landet; so heftig ist der Fußtritt, daß der Schüler vor Lachen brüllend wieder aufsteht und in die Hände klatschend ruft: »Wie seltsam! Wie seltsam! Die unzähligen *Samâdhis* und alle unergründlichen religiösen Wahrheiten kenne ich jetzt in- und auswendig, so als wäre alles auf einer einzigen Haarspitze offenbart worden.«

Worauf er grüßt und sich heiteren Sinnes entfernt.

Der unerbittliche Meister Lin-tsi, der für seine Antworten in Form des Ausrufs »Ho!« bekannt war, ließ sich eines Tages besänftigen und gab, da ihm der Moment für aufmerksames Zuhören günstig schien, eine Antwort, die endlich unserer Vorliebe für den ausgeklügelten Gedanken entgegenkommt. Nachdem er verkündet hatte, daß Bodhidharma, wenn er auch nur einen Gedanken auf seinem Weg nach China gehabt hätte, sich nicht einmal selbst hätte retten können, gab Lin-tsi folgende Erläuterung: »Da euer Geist nun einmal damit beschäftigt ist, hinter jedem Ding herzulaufen, das sich euch zeigt, und da er sich nicht zügeln kann, hört auf das Wort des Patriarchen, der da verkündet, daß ihr einfältig versucht, euch einen zweiten Kopf auf den eigenen zu setzen. Wenn ihr euer Licht nach innen richtet, so wie es euch gesagt wird, und zwar unverzüglich, wenn ihr nachdenkt und aufhört, äußerliche Dinge zu suchen, dann werdet ihr sehen, daß euer Geist und der Geist der Buddhas und der Patriarchen sich nicht voneinander unterscheiden. Wenn ihr auf diese Weise einen Zustand des Nicht-Handelns erreicht habt, dann sagt man, ihr habt die Wahrheit erreicht.«

Dieser Zustand des Nicht-Handelns, den man im taoistischen *Wai Wu Wei* (tun ohne zu tun) wiederfindet, ist im Grunde ein Zustand völliger, lautloser Öffnung, verstandesklarer Seelenruhe, Erfüllung. Die Erklärung Lin-tsis ist also einleuchtend. Doch kann man nicht umhin, auch von der Aussagekraft der surrealistischen Antwort des Tschuang-tse fasziniert zu sein, der als Antwort auf die Frage dem Schüler zuschreit: »Ein Stein, da, in der Luft!«

Der verblüffte Schüler duckt sich.

»Habt ihr verstanden?« fragt der alte Meister.

»Nein, Ehrwürdiger Meister, nein.«

»Ach, ein Glück für euch, denn hättet ihr verstanden, wäre euer Kopf sicherlich in tausend Stücke zerplatzt!«

Ja, der rohe Stein des Erwachens hätte seinem angestrengten Denken ein jähes Ende bereitet, denn genau das gilt es zu tun: Das Phantom-Gehirn muß zerstört werden, um es für die Wirklichkeit zu öffnen. Daher auch dieser sagenhafte Zen-koân, der daran erinnert, daß alle beseligenden Visionen auf die gleiche Stufe mit jenen trüben Phantasien gestellt werden müssen, die während der meditativen Introspektion auftreten: »Wenn der Dämon kommt, teilt ihm hundert Schläge aus, wenn Buddha kommt, ebenfalls hundert Schläge.« Souveräne Kraft dieses Zustands: Vorüberziehenlassen der Gedanken, ja, sie vorüberziehen lassen ... ganz gleich, welches Schema im Spiegel des Bewußtseins in Erscheinung tritt; denn um klar zu sein, muß der Geist frei sein von jedweden geistigen Bildern, frei von allen Fragen, von jeglichem spekulativen oder bildlichen Denkprozeß.

Koân: Eine geschlossene Faust kann nichts nehmen, eine offene Hand kann alles empfangen.

Meister Deshimaru erzählte uns eines Tages diese hübsche Geschichte:[4] In einem kleinen Tempel, der einsam in den Bergen lag, meditierten vier Mönche im Zazen. Sie hatten beschlossen, in absoluter Stille ein *Sesshin* durchzuführen.

Am ersten Abend erlosch während des Zazen die Kerze und im Dojo herrschte tiefe Dunkelheit.

Der Neuling unter den Mönchen sagte mit halblauter Stimme: »Die Kerze ist soeben verloschen!«

Woraufhin der zweite Mönch entgegnete: »Du darfst nicht sprechen, das ist ein Sesshin in völliger Stille.«

Der dritte fügte hinzu: »Warum sprecht ihr? Wir müssen schweigen und ruhig sein!«

Der vierte schließlich, der das Sesshin leitete, faßte zusammen: »Ihr seid alle dumm,und schlecht dazu, ihr verstoßt gegen die Regel, ihr habt gesprochen!«

Einzig der Mond hinter dem Fenster blieb still.

Ruhig und lautlos.

Der wahre Frieden.

Erwachen

Wer die höchste Stufe der Selbstentäußerung erreicht hat, der bewahrt standhaft seine Ruhe. Die Wesen alle treten eines wie das andere ins Dasein, und wir sehen sie demzufolge wieder zurückgehen. Wenn die Dinge zu voller Entfaltung gelangt sind, kehrt jedes zu seinem Ursprung zurück. Zu seinem Ursprung zurückkehren, heißt zur Ruhe kommen. Zur Ruhe kommen, heißt seine Bestimmung erfüllt haben. Seine Bestimmung erfüllt haben, heißt der ewigen Ordnung entsprechen; der ewigen Ordnung zu entsprechen wissen, heißt erleuchtet sein.

LAO TSE
Tao-te-king

Im Zeit-Raum der Meditation sind wir immer gerettet. Heute morgen stehe ich unter Mühen auf, das Gesicht verquollen, der Geist durch merkwürdige Träume gemartert, der Körper steif, fast schmerzend, Angst im Bauch. Die Nacht ist unruhig gewesen, unsere Tochter ist mehrere Male weinend aufgewacht. Geschrei, das einen aus dem Tiefschlaf holt und den willenlosen Körper aus einer watteartigen Umhüllung reißt. Im Zimmer nebenan streckt einem das Kind die Arme entgegen. Angesichts dieser weinenden Augen, die Aufmerksamkeit und Hilfe erflehen, ist die Geistesklarheit auf einen Schlag wieder da.

Am Morgen entdecke ich erneut diese unwiderlegbare Tatsache: Einige Minuten Zazen-Meditation genügen, um einen schlafenden Körper zu lockern, um ein umnebeltes, nach zu kurzer Nacht etwas mitgenommenes Bewußtsein ans Licht zurückzuholen.

Die undeutlichen Bilder, die sich hektisch ins Bewußtsein drängen, verschwinden nach einigen tiefen Atemzügen, und sehr rasch erscheint der leere, offene Raum, in dem der Geist seine Weite wiederfindet, in dem der Körper den Raum des Universums einnimmt.

Ein flüchtiges, doch real-existentes Gefühl. Absolute Gegenwart. Danach hat der Tag in diesem Beginn, diesem *Bereshit,* der ihn trägt, seine Wurzeln.

Helligkeit, die das Tohuwabohu ordnet.

Oft wacht man ein wenig benommen auf, als wäre man betäubt durch die trügerische Ruhe des Schlafes. Oft schreckt man aus Träumen auf, die voller zusammenhangsloser Gespräche sind, voller rasender Bewegungen, seltsamer Begebenheiten, surrealistischer Begegnungen, trotz ihrer Logik unlogischer Bilder, schneller und starker Bilder, die Bauchschmerzen verursachen, die den Schläfer tief innen erschüttern und mit ihren Bruchstücken später sein waches Bewußtsein beschäftigen. Welchen Sinn soll man ihnen geben? Natürlich findet man manche offenkundigen Zusammenhänge. So bin ich in meinen Träumen oft im Laufschritt unterwegs, und dieses Traumphänomen entspricht exakt jener Spannung, die sich nach wie vor hinter der nach außen gewahrten Ruhe verbirgt. Ich sprudle in der Tat oft vor Energien über, die ich kaum unter Kontrolle halten kann, und dieser Energiestrom durchtobt mich dann auch in der Nacht. *Man träumt den Traum, aber der Traum träumt auch uns.* Die beiden Seiten unseres Wesens kommen hier zum Vorschein.

Dem, der wie ich auf einem Hügel lebt, offenbart sich mit jedem Morgengrauen eine Landschaft, die immer die gleiche, doch nie dieselbe ist. Wenn es windstill ist, wenn der Mistral nicht bläst, herrscht bis zum ersten Singen der Vögel eine gewisse Stille. Wenn die Nacht kaum etwas heller geworden ist, macht sich zunächst die Nachtigall bemerkbar, dann all die anderen, die plötzlich anfangen, Töne von sich zu geben, zu trillern, zu krächzen, zu schlagen.

Bei schönem Wetter hebt sich der langgezogene Grat des Luberon über dem Tal, von dem kein Geräusch bis hier herauf dringt, vom blauen Himmel ab. Bei schlechtem Wetter hingegen sind wir vollkommen von Wolken umgeben, einem Nebel, der sogar die Vegetation um uns herum verbirgt.

Wenn ich gegen fünf Uhr aufstehe, schläft meine Hausgemeinschaft noch. Ich gehe ins Erdgeschoß hinunter, wo sich Küche, Wohnraum und meine Arbeitskammer befinden. Ich betrachte durch die Fensterscheiben die vibrierende Stille der Nacht und verfolge so den Lauf des Mondes. Dann nehme ich fast täglich dieses runde japanische Kissen und lasse mich in Meditationshaltung, im Zazen, darauf nieder. Ich nehme den Lotossitz ein, ein Bein über das andere gekreuzt, wobei die Knie die Erde berühren, die Muskeln schmerzen ein wenig, dehnen sich und verharren dann in angestrengter Bewegungslosigkeit. Nun biege ich mein Rückgrat und mache ein hohles Kreuz, eine erneute Anstrengung, ein erneuter Kampf gegen die schlechten Angewohnheiten, in die der Rücken täglich verfällt. Ich lasse meinen Nacken kreisen, der knirscht, als ob er von Sandkörnern blockiert wäre, und halte ihn dann gerade. Die Hände genau in Höhe der Nase gefaltet, die Arme horizontal, grüße ich. Wen? Was? Nichts, eine einfache Geste des Respekts gegenüber, sagen wir, der Gesamtheit der Dinge. Dann, die linke Hand in der rechten, die Daumenspitzen berühren sich, bin ich »weder Berg noch Tal«, nehme die unbewegliche Haltung ein und tauche in mich hinab.

Dort herrscht keine Stille. Tatsächlich kommen fast unverzüglich Bilder, Gedanken, die unangenehmen Überreste des Vortages und des eben beendeten Schlafes auf. Ich stütze mich dann auf meinen Atem, der langsam tiefer wird und in den Unterleib sinkt, den japanischen Hara (von Kiri), von dem man sagt, daß er der Ozean der menschlichen Energie sei. An diesem Sammelpunkt, drei Finger breit unterhalb des Nabels gelegen, gibt es tatsächlich eine Kraft, eine Energie, die vom Atem hervorgerufen, entwickelt wird. Nach dem tiefen Ausatmen, das sich einen Weg bahnt, erfolgt das Einatmen fast unmittelbar. Langsam sind fast keine Bilder, keine Gedanken mehr in mir, nur noch Schwingungen und Wellen, die ins Bewußtsein vordringen. Wellen.

Nach einigen Minuten dieser Versenkung ins Innere öffne ich wieder die Augen. Und das wahre Erwachen hat stattgefunden: In einer immer wieder überraschenden ungetrübten Sicht ist die Realität vollkommen da.

Ich grüße dann erneut, beuge meinen Oberkörper zur Erde, berühre den Boden mit der Stirn. Ich liebe diese einfachen Gesten: die Schönheit der gefalteten Hände, der in Gesichtshöhe fest aneinandergepreßten Handflächen – ein Akt des globalen Respekts, der einen Augenblick intensiver Konzentration schafft. Aus der Verbeugung geht auch eine ganz natürliche Würde hervor, wenn sich der Körper, der normalerweise aufgerichtet ist, demütig zu Boden neigt, und die Knie, dann die Stirn, die Arme, die Hände mit seiner rauhen und harten Oberfläche eins werden. Wie auch der Boden beschaffen sein mag (Teppich, Tatami, Holz, Erde...), der Kontakt mit ihm ist immer überraschend: Man berührt die Stille. Und das löst vollkommen aus der Starre.

Ich strecke meinen Körper, mache einige Gymnastikübungen, während das Wasser für den Tee, grünen oder schwarzen, je nach Lust, aufgesetzt ist. Dann begebe ich mich zum Schreibtisch, durchtränkt von der Nacht, die zur Dämmerung, zum neuen Tag wird.

Lange habe ich nicht verstanden, was Meister Taïsen Deshimaru sagen wollte, als er behauptete, daß wir während der Zazen-Übung den ganzen Kosmos beeinflussen. »Im Zazen folgt man der kosmischen Ordnung.« Ich gebe zu, daß mir dieses Leitmotiv auf die Nerven ging, ich konnte nicht begreifen, wie eine Körperhaltung, die ganz Unbeweglichkeit und Stille ist, den Energien des Kosmos gleichzeitig folgen und sie beeinflussen soll.

Marie-Luise von Franz, eine große Schülerin und Fortsetzerin des Werks von C. G. Jung, hat mich erleuchtet und auf die revolutionären Arbeiten der modernen Wissenschaft aufmerksam gemacht. Eines Abends, als ich einige ihrer Bemerkungen zur Synchronizität las, wurde es mir mit einem Schlag klar, mein Verstand öffnete sich einer neuen Dimension des Universums. Es war an einem Sonntag, ich hatte den ganzen Vormittag gearbeitet, mittags waren Freunde zum Essen gekommen, wir hatten einen langen Frühlingsspaziergang in der weitgehend unberührten Hügellandschaft der Vaucluse gemacht, wo wir einem versteckten, gewundenen Pfad folgten, stundenlang und doch am Rande der Zeit, dann waren Leute zum Tee gekommen, wir hatten viel geredet, Meinungen ausgetauscht, und als gegen acht Uhr alle wieder gegangen waren, zog ich mich in die Stille meiner Bibliothek zurück, um das letzte Kapitel des von Jung inspirierten Buches[1] zu Ende zu lesen. Ich blieb stehen, das Werk in der

Hand, und plötzlich wurde ich von dem, was ich las, fortgetragen, wurde von ihm tiefgreifend und dauerhaft aufgerüttelt. Bei der Begegnung meiner persönlichen Erfahrung mit der, die Marie-Luise von Franz beschreibt, machte es »klick« und ich verstand. Sie sagt, denn an dieser Stelle muß man die erleuchtenden Zeilen zitieren: »Jung hat seinerseits aufgezeigt, daß das, was wir kollektive Psyche nennen, ein Wissen besitzt, das er ›absolutes Wissen‹ genannt hat, absolut, weil es vom Wissen unseres Bewußtseins vollkommen verschieden ist. Und wenn Jung Leibniz zitiert, beschreibt er dieses Wissen als Darstellungen, ›die aus gegenstandslosen *Simulacra,* aus Bildern bestehen oder besser zu bestehen scheinen‹.

Heutzutage gibt es eine gewisse Anzahl von Physikern, die davon ausgehen, daß es etwas wie einen *Universal mind* (Weltgeist) gibt, aber es bestehen Meinungsverschiedenheiten bezüglich der Frage, ob dieser Geist bewußt oder unbewußt sei. Jung nennt ihn eine ›Luminosität‹, um ihn gegen das hellere und festgelegtere Licht unseres Bewußtseins abzugrenzen. An einer anderen Stelle nennt er ihn auch *›Wolke des Wissens‹.* Dieses Wissen scheint eine *Awareness* zu sein, die einerseits eine viel umfassendere Information als die unsere umschließt, der aber andererseits die zielgerichtete und detaillierte Genauigkeit fehlt. Man könnte (aber hier handelt es sich um eine Metapher) dieses ›absolute Wissen‹ des unbewußten Universums mit dem ›fossilen Schimmer‹ im kosmischen Hintergrund vergleichen, einem ›leuchtenden‹ Kontinuum von millimeterkurzen Wellen, das sich jedoch von den ›Lichtern‹ der Sterne und der Sonne unterscheidet, welche in meinem Vergleich den Bildern eines mehr oder weniger bewußten Ego entsprechen würden.

In allen modernen Begriffen wie ›*Protobewußtsein*‹, *Universal mind* usw. müßte man das Funktionieren und das ›Wissen‹, das ihnen anscheinend zu eigen ist oder auch nicht, noch viel genauer beschreiben. Es erscheint mir als sicher, daß dieses Wissen sich von unserem bewußten Wissen sehr stark unterscheidet. Auch David Bohm spricht von einer ›intelligenten Energie‹ in der unentwickelten Ordnung, die uns angeblich von Zeit zu Zeit auf kreative Entdekkungen stößt, aber er legt sich nicht fest, ob diese Art von Intelligenz der unseren entspricht oder nicht. Er sagt nur, daß sie vorbegrifflich sei, wodurch sie sich höchstwahrscheinlich dem ›absoluten Wissen‹ Jungs nähert ...

Dies schließt sich offensichtlich an mehrere wissenschaftliche Theorien an, darunter an die von Costa de Beauregard, die vom Informationsbegriff ausgehen und die Existenz einer ›Infrapsyche‹, die sich zusammen mit der vierdimensionalen Welt von Einstein-Minkowski ausdehnt, postulieren; *einer Infrapsyche, die eine Art Wissen oder Information enthält, die man als ›Überfliegen des Ganzen‹* bezeichnet hat. Eben diese Idee eines ›kosmischen Wissens‹ drängt sich auf, wie es schon Cazenave aufgezeigt hat, nachdem das Paradoxon von Einstein-Podolski-Rosen experimentell nachvollzogen worden ist; dieses Experiment führt nämlich zu dem Gedanken, daß Partikel B sofort und ohne Übertragung (zumindest ohne subluminale Übertragung) von der Veränderung ›weiß‹, die der anfangs an ihn gekoppelte Partikel A durchgemacht hat und der Partikel A durch die bloße Tatsache des Beobachtens unterliegen mußte.

Eben dieses kosmische Wissen erscheint schließlich bei der Halbwertszeit radioaktiven Zerfalls. Jedes Atom, das zerfällt, ›weiß‹, wann es das im Verhältnis zum Ganzen, dem es angehört, tun muß. Es gäbe da also nicht nur eine totale akausale *Ordnung,* sondern diese Ordnung würde sogar ein ›Wissen‹ einer Art besitzen, die man genauer untersuchen müßte.« Ein langes, aber notwendiges Zitat.

Dieser »Ozean der Energie«, wie ihn der Physiker David Bohm nennt, soll sich im »Hintergrund« der Materie und des Bewußtseins befinden und dabei jede unentwickelte und entwickelte Ordnung transzendieren, jenseits des Zeit-Raums, durch den er doch hindurchgeht.

Klick. Wir sind Bestandteile der Ur-Suppe, Atome unter Atomen, Sender-Empfänger, alle kommunizieren wir.

Die Chinesen und Japaner definieren mit dem Wort *Chi'i* oder *Ki* das Kontinuum dieser universellen Energie. Wir haben gesehen – mein Zen-Meister erinnerte uns mit Nachdruck daran –, daß wir mit Hilfe der auf ein sehr langes Ausatmen konzentrierten Atemtechnik nicht nur den energetischen Vorgang in jenem Unterleibsbereich, der *Hara* genannt wird, (und auch *Ki Kai Tanden,* die wörtliche Übersetzung von »Ozean der Energie«) auslösen, sondern eben dadurch auch mit ihm in Kontakt treten könnten.

Man braucht nur die Zazen-Haltung ausgeführt zu haben, diese sitzende Meditation, und ihre Atemtechnik mit dem verlängernd Ausatmen, um auf sehr körperliche Weise einen grundlegend anderen Zustand zu *spüren:* Diesen Zustand – ein Satori-Zustand – könnte man definieren als unbestimmte Wellenfrequenzen, die durch den Code unserer Sprache und unserer Gedanken nicht übersetzbar sind, aber auch als metapsychische Räume: ein stilles, aber durch die Introspektion absolut wahrnehmbares Energiefeld: Diese metapsychischen Räume haben, so würde ich sagen, ungefähr dieselbe unmittelbare Funktion wie der elektrische Strom, der gerade einen leeren Akkumulator wieder auflädt.

Abgesehen von der Sauerstoffaufnahme und der Ruhe – die übrigens Teil des ganzen Vorgangs sind –, die durch die bewußte und erzwungene Bewegungslosigkeit, dieses Anhalten der grundlegend unbewußten Bewegung des Wachzustands, bewirkt wird, gibt es nur eine Erklärung für die neue Vitalität, die man bei all denjenigen beobachten kann, die gerade einen Augenblick intensiver Meditation verbracht haben: Erwachen und Stimulation der inneren Energie und sodann Phasenangleichung an die universelle Energie.

Es scheint zu stimmen, daß diese Energie über die Gedanken hinausdenken kann: Gibt es da ein Protobewußtsein (das die Japaner *Alaya* nennen), das man nicht mit den Worten beschreiben kann, die man für das Funktionieren unseres Gehirns gebraucht, ein Protobewußtsein, das eine Welle wäre, die mit einem Wissen ausgestattet ist, eine Ganzheit, die uns informiert und die wir informieren?

Ein Wellennetz von absoluter Existenz, ein Wellenmeer, in dem wir ständig baden, ohne es zu wissen ...

Sollte die Entwicklung des menschlichen Wesens dieses geheimnisvolle Wissen durchlaufen? Etwas sagt mir: ja. Sollte dies die *Anima Mundi,* die Seele der Welt sein?

Die lebendige Stille der Welt?

Das Echo der Stille

Aber das Wehende höre,
die ununterbrochene Nachricht,
die aus Stille sich bildet.

Rainer Maria Rilke
Duineser Elegien

In der Junisonne essen wir zu Mittag bei Freunden. Ein Insekt umschwirrt das Gesicht meiner Tischnachbarin. Mit dem Handrücken fege ich das Tier zu Boden – die Bewegung ist so brutal, daß das Tier tot ist. Es liegt auf den Steinfliesen und regt sich nicht mehr: Es ist eingekehrt in die Stille des Steines.

Wenig später gehe ich allein den schmalen Pfad oberhalb der öden Schlucht entlang, und ich stoße einen Schrei aus: Die himmelblaue und felsengelbe Stille zerfällt in ein bizarres akustisches Relief. Und dann fällt mir die Geschichte ein, die Huang Po, der chinesische Ch'an-Meister des neunten Jahrhunderts erzählt: »Ich bitte euch, niemals etwas zu suchen, denn was man sucht, verliert man beim Suchen ... Es war einmal ein Tor, der ganz oben auf einem Berg stand und schrie. Als das Echo seines Schreis aus dem Tal emporklang, lief er den Berg hinunter auf der Suche nach dem, der geschrien hatte, aber er fand niemanden. Dann stieß er einen weiteren Schrei aus, und diesmal antwortete das Echo vom Gipfel herunter. Der Tor stieg den Berg wieder hinauf... Dies dauert seit zehntausend Lebensaltern, zehntausend Kalpas! Er sucht nach einer Stimme und läuft einem Echo nach, der Unglückliche, der dazu bestimmt ist, auf sinnlose Weise zu sterben und wiedergeboren zu werden! Wenn ihr keine Stimme mehr habt, gibt es kein Echo mehr. Das Nirwana kann man nicht hören, nicht erkennen, denn es hat keine Stimme und geht über alle Spuren hinaus, die deutlichen und die vermischten. Wenn ihr dies versteht, nähert ihr euch dem Meister-Patriarchen!«[1]

Was mich wiederum an eine andere, eine komische Geschichte aus dem Zen erinnert: Zwei Zen-Mönche, ein junger und ein Patriarch, gehen auf einer menschenleeren Hochebene spazieren.

Der junge Mönch fragt: »Meister, was ist das Geheimnis, was ist die Stille?«

Der Patriarch antwortet nicht und setzt seinen Spaziergang fort.

Der Jüngere: »Meister, Meister, es soll im Zen ein Geheimnis geben: Ist bei Bodhidharma nicht die Rede von einem Geheimnis, spricht er nicht von der Praxis der reinen Weisheit, deren Wesen aus Stille und Leere bestehen soll? Meister, ich will es wissen, was ist das Geheimnis, was ist die Stille?«

Der Patriarch bleibt stumm und setzt seinen Spaziergang fort, gefolgt vom jungen Mönch, der stets wiederholt: »Meister, Meister, was ist das Geheimnis, was ist die Stille?«

Sie gelangen an den Rand eines steilen Felsens. Ein Baum ragt fast waagrecht über den Abgrund.

Der alte Mönch befiehlt seinem jungen Freund: »Geh hinaus auf diesen Stamm und versuche dein Gleichgewicht zu halten.«

Vorsichtig bewegt sich der junge Mönch über dem Abgrund.

»Und nun«, sagt der Patriarch, »bleib stehen, beiß dich in dem Ast fest und laß deinen Körper im Wind baumeln, wie eine unreife Frucht, die du bist!«

Der junge Mönch ist sehr beunruhigt, aber auch äußerst diszipliniert. Er gehorcht und bald darauf hängt er über dem Abgrund, festgehalten nur durch seine Kiefer.

»Und jetzt«, sagt der Meister, »sag mir, was das Geheimnis, was die Stille ist.«

Ich habe irgendwie das Gefühl, daß Shri Aurobindo, dieser große Geist, recht hatte, als er sagte: »An den Pforten der Transzendenz schwebt jener einfache und vollkommene Geist, der in den Upanishaden beschrieben wird, ein leuchtender, reiner Geist, der die Welt stützt, aber an sich untätig ist, der keinerlei Energiespannungen, keine Risse in seinem Wesen, keine Bruchnarben aufweist; er ist einzigartig, mit sich identisch, frei von jedem Anschein der Bezogenheit oder Vielfältigkeit. Er ist die transzendente Stille. Und wenn der menschliche Geist diese Pforten passiert, hat er unmittelbar, ohne jeglichen Übergang, das Gefühl der Unwirklichkeit der Welt und der einzigen Realität, der Stille – dies ist eine der stärksten und überzeugendsten Erfahrungen, derer der menschliche Geist fähig ist.«

Und Bernhard von Clairvaux sagt: »Man lernt mehr in den Wäldern als aus den Büchern. Die Bäume und die Felsen werden euch Dinge lehren, die ihr nirgendwo sonst hören könnt.«

Für das I-Ging ist die Stille Kontemplation, das Bild des Windes, der über die Erde weht (Hexagramm 20). Sie deutet auf die Macht der höheren Persönlichkeit, die in jedem von uns ist und die, um edel zu bleiben, makellos, befriedet bleiben muß. »In diesem Leben hier müssen wir uns bemühen, alles zu verstehen«, sagte der erwähnte Huang Po.

Die Stille ist tatsächlich der ständige Hintergrund. Der absolute Zeuge.

Eine Gegenwart. Eine zarte Emotion, das Gefühl, an der ständigen Schöpfung teilzuhaben.

Was aber verbirgt sich dahinter?

Es hilft nichts, zu suchen, es ist alles da.

Im bewußten Erleben eines jeden Augenblicks: Die Stille sprechen lassen.

Gordes, im Juni 1986.

Anmerkungen

Stille und Schweigen

1 Marie-Madeleine Davy, »Le mystère de certains espaces« (Das Geheimnis gewisser Räume), in: *Question de,* Nr. 65, Paris 1986

Stufen des Lärms

1 ein Zen-Meister, bei dem ich mich zehn Jahre lang ausbilden ließ. Vgl. dazu auch: Marc de Smedt, *Le Rire du tigre* (Das Lachen des Tigers), Paris 1985

2 in: Hippokrates, *Werke,* Bd. 6, Stuttgart 1934

Kommunikation und Schweigen

1 Erving Goffman, *Wir alle spielen Theater. Die Selbstdarstellung im Alltag,* München 1985

2 ebenda

3 vgl. dazu Bruneau in: *Journal of Communication,* Vol. 23, 1973

Die Sprache der Augen

1 Olympia Alberti, *Cœur rhapsodie, cœur absolu,* Gedichte, Paris 1985

2 Malcolm de Chazal, *Sens-plastique* (Plastischer Sinn), Paris 1948

3 Philippe Bouvard, »Humeur« (Stimmung, Laune), in: *Figaro* vom 7. 6. 1986

4 Karlfried Graf Dürckheim, *Japan und die Kultur der Stille,* Bern 1975

5 Edward T. Hall, *The Silent Language* (Die schweigende Sprache), New York 1959

6 Muriel Saville Troika, »An Integrated Theory of Communication« (Eine integrierte Kommunikationstheorie), in: Muriel Saville Troika/Deborah Tannen (Hg.), *Perspectives on Silence* (Perspektiven des Schweigens), Norwood/New Jersey 1985

Der Spiegel der Seele

1 Laut Professor Tsunoda weist die Dominanz des linken Ohres bei einem bestimmten Laut auf die der rechten Großhirnhälfte hin und die Dominanz des rechten Ohres auf die der linken Großhirnhälfte. Außerdem sollen die Wahrnehmungen von Versuchspersonen aus Japan einerseits und der westlichen Welt andererseits sehr unterschiedlicher Natur sein, da beispielsweise beim Japaner der Sitz der Emotion in der verbalen Gehirnhemisphäre gelegen ist, beim westlichen Menschen in der nichtverbalen (also rechten) Hemisphäre. (Vortrag von Prof. Tsunoda im Rahmen eines Kolloquiums der Unesco, April 1981)

2 in einem Gespräch mit Roger Stéphane

3 Bruno Bettelheim, *The Empty Fortress* (Die leere Festung), New York 1972; dtsch. Ausgabe: *Die Geburt des Selbst,* München 1977

4 vgl. dazu: Marc de Smedt, *Techniques de méditation et pratiques d'éveil* (Meditationstechniken und die Praxis des Erwachens), Paris 1979

5 siehe dazu u. a.: Alexander Lowen, *Depression: unsere Zeitkrankheit,* München 1978; ders., *Bio-Energetik: Therapie der Seele durch Arbeit mit dem Körper,* Reinbeck 1979; ders., *Lust: der Weg zum kreativen Leben,* München 1979; ders., *Der Verrat am Körper: der bioenergetische Weg, die verlorene Harmonie von Körper und Psyche wiederzufinden,* Reinbek 1983

6 Roger N. Walsh/Frances E. Vaughan formulieren sie im Vorwort des von ihnen herausgegebenen Buches *Beyond Ego* (Jenseits des Ego), Los Angeles 1980; dtsch. Ausgabe: *Psychologie in der Wende,* Bern/München 1985; siehe dazu auch speziell den Artikel »Médecines nouvelles et psychologies transpersonnelles« (Neue Heilmittel und transpersonelle Psychologie), in der Sondernummer zum selben Thema von: *Question de,* Nr. 64, Paris 1985

7 Jean-Pierre Schnetzler, in: *Cahiers de psychologie Jungienne,* Nr. 44, 1/1985

8 Sascha Nacht, *La présence du psychoanalyste* (Die Präsenz des Psychoanalytikers), Paris o. J.

9 Serge Viderman, »Regards sur la psychoanalyse en France« (Betrachtungen zur Psychoanalyse in Frankreich), in: *Nouvelle revue de psychoanalyse,*Paris, Herbst 1979

10 Taïsen Deshimaru/Yuriko Ikemi, *Zen et Self-control* (Zen und Selbstkontrolle), Paris 1985

11 Guy Bérard, *Audition égale comportement* (Hören ist gleich Verhalten), Paris o. J.

12 Alfred Tomatis, *Éducation et dyslexie* (Erziehung und Legasthenie), Paris 1972

Die achte Note

1 Jacques Attali, *Bruits* (Geräusche), Paris 1977
2 Michel Serres, *Les cinq sens* (Die fünf Sinne), Paris 1985
3 Clémence Ramnoux, *La nuit et les enfants de la nuit* (Die Nacht und die Kinder der Nacht), Paris 1986
4 Upanishade des Yoga
5 René Daumal, *Bharata*, Paris 1970
6 *Question de*, Nr. 54, Paris 1983
7 Alfred Kalischer (Hg.), *Beethovens Sämtliche Briefe*, Bd. II, Berlin/Leipzig 1906
8 John Cage, *Silence* (Schweigen), Cambridge/Mass. 1966.
9 René Char, »Die drei Schwestern«, in: *Hypnos und andere Gedichte*, dtsch. v. Johannes Hübner u. Lothar Klünner, Frankfurt 1963

Die Sprache der Vögel

1 Guido Ceronetti, *Il silencio del corpo*, Milano 1979; dtsch. Ausgabe: *Das Schweigen des Körpers*, Frankfurt 1982

Die Bibliothek von Babel

1 Edward T. Hall, *The Silent Language* (Die stille Sprache), New York 1959
2 Jean Cocteau, *La difficulté d'être* (Die Schwierigkeit zu sein), Paris 1965
3 Italo Calvino, *Wenn ein Reisender in einer Winternacht*, München 1987
4 Hermann Hesse, *Die Morgenlandfahrt*, Berlin 1932
5 Albert Béguin, *Traumwelt und Romantik*, München 1972
6 Gaston Bachelard, *Le droit de rêver* (Das Recht zu träumen), Paris 1978
7 Roland Barthes, *L'empire de signes*, Genf 1970; dtsch. Ausgabe: *Das Reich der Zeichen*, Frankfurt 1981
8 Kenneth White, *Une apocalypse tranquille*, (Eine ruhige Apokalypse), Paris 1985
9 Pierre van den Heuvel, *Parole, mot, silence* (Rede, Wort, Stille), Paris 1985
10 Charles Baudelaire, »Le gouffre« (Der Abgrund), in: ders., *Die Blumen des Bösen*, dtsch. v. Friedhelm Kemp, München 1986

Der Sinn der Zeichnung

1 Salvador Dali, *Cinquante secrets magiques* (Fünfzig magische Geheimnisse), Paris 1982
2 ebenda
3 Paul Klee, *Schriften zur Form- und Gestaltungslehre I* – Das Bildnerische Denken, Stuttgart 1956
4 Kasimir Malewitsch, *De Cézanne au suprématisme* (Von Cézanne zum Suprematismus), Paris o. J.

5 ebenda
6 Henri Maldiney, *Art et existence* (Kunst und Existenz), Paris 1985
7 Wassily W. Kandinsky, *Über das Geistige in der Kunst, insbesondere in der Malerei,* München 1912
8 ebenda

Sinnbilder des Heiligen – die Sprache der Ruinen

1 vgl. dazu: Marc de Smedt, *Ramakrishna, un sage en Inde* (Ramakrishna, ein Weiser in Indien), Paris 1986
2 Mircea Eliade, *Fragments d'un journal,* Bd. II, PARIS 1981; dtsch. Ausgabe: *Im Mittelpunkt: Bruchstücke eines Tagebuchs,* Wien 1977
3 C.G. Jung, *Synchronizität als ein Prinzip akausaler Zusammenhänge,* Bd. VIII des Gesamtwerks, Zürich 1952

Hinter den Mauern, der Raum

1 Le Corbusier, *Poèmes à l'angle droit* (Gedichte über den rechten Winkel), Paris 1955
2 ders., *Carnets* (Notizen), 4 Bde., Paris 1981
3 ebenda

Bemerkungen zum Thema Angst

1 Myamato Musashi, *Das Buch der fünf Ringe,* Düsseldorf 1983

Tod und Einsamkeit

1 vgl. dazu: Marc de Smedt, *Le rire du tigre* (Das Lachen des Tigers), Paris 1985
2 Gedichtfragment von Fourouk Farnohrzad
3 Bruno Lagrange, *La mort est une autre naissance* (Der Tod ist eine andere Geburt), Paris o. J.
4 vgl. dazu: Robert Graves, *Difficult Questions, Easy Answers* (Schwierige Fragen, leichte Antworten), London 1972
5 Léon Schwartzenberg, *Requiem pour la vie* (Requiem für das Leben), Paris 1985
5 G.I. Gurdjieff, *Fragments d'un enseignement inconnu* (Fragmente einer unbekannten Lehre), Paris 1949
7 Mircea Eliade, *Mythes, rêves et mystères* (Mythen, Träume und Mysterien), Paris 1957

Elohim – die Lehre Gottes

1 Alle Bibeltexte in diesem Kapitel werden nach der *Neuen Jerusalemer Bibel, Einheitsübersetzung* zitiert/d. Übersetzer
2 Dieser Brief wird von Literaturwissenschaftlern allgemein als *Brief des Sehenden* bezeichnet/d. Übersetzer

Ruhe und Meditation

1 vgl. dazu: Marc de Smedt, *Sur les traces du Bouddha et des hauts lieux du bouddhisme* (Auf den Spuren Buddhas an den Schauplätzen des Buddhismus), Paris 1981

2 Taïsen Deshimaru, *La pratique du Zen* (Die Praxis des Zen), Paris 1974

3 M. und M. Shibata, *Les maîtres du Tch'an en Chine* (Die Meister des Ch'an in China), Paris 1985

4 Taïsen Deshimaru, *Le bol et le bâton, 120 histoires Zen* (Die Schale und der Wanderstab, 120 Zen-Geschichten), Paris 1980

Erwachen

1 Marie-Luise von Franz, *La synchronicité, l'âme et la science: existe-t-il un ordre acausal?* (Die Synchronizität, die Seele und die Wissenschaft: gibt es eine akausale Ordnung?), eine Aufsatzsammlung, Paris 1985

Das Echo der Stille

1 *Les entretiens de Huang Po* (Die Gespräche des Huang Po), Paris 1985